A LIBRARY OF
DOCTORAL
DISSERTATIONS
IN SOCIAL SCIENCES IN CHINA

中国
社会科学
博士论文
文库

中国创业板上市公司创新优势研究：
一个资源基础理论的分析视角

The Research on the Innovation Advantages of the Listed Companies in
China's Growth Enterprise Market:
A View from Resource-Based Theory

宋 洋 著

导师 刘世锦 李晓西

中国社会科学出版社

图书在版编目（CIP）数据

中国创业板上市公司创新优势研究：一个资源基础理论的分析视角／
宋洋著 . —北京：中国社会科学出版社，2018.3

（中国社会科学博士论文文库）

ISBN 978 - 7 - 5161 - 9826 - 1

Ⅰ.①中…　Ⅱ.①宋…　Ⅲ.①创业板市场—上市公司—研究—中国
Ⅳ.①F832.51

中国版本图书馆 CIP 数据核字（2017）第 025358 号

出　版　人	赵剑英	
责任编辑	王　衡	
责任校对	朱妍洁	
责任印制	王　超	

出　　　版	中国社会科学出版社	
社　　　址	北京鼓楼西大街甲 158 号	
邮　　　编	100720	
网　　　址	http://www.csspw.cn	
发 行 部	010 - 84083685	
门 市 部	010 - 84029450	
经　　　销	新华书店及其他书店	

印刷装订	北京君升印刷有限公司	
版　　　次	2018 年 3 月第 1 版	
印　　　次	2018 年 3 月第 1 次印刷	

开　　　本	710×1000　1/16	
印　　　张	11.25	
插　　　页	2	
字　　　数	191 千字	
定　　　价	48.00 元	

凡购买中国社会科学出版社图书，如有质量问题请与本社营销中心联系调换
电话:010 - 84083683

总　序

在胡绳同志倡导和主持下，中国社会科学院组成编委会，从全国每年毕业并通过答辩的社会科学博士论文中遴选优秀者纳入《中国社会科学博士论文文库》，由中国社会科学出版社正式出版，这项工作已持续了 12 年。这 12 年所出版的论文，代表了这一时期中国社会科学各学科博士学位论文水平，较好地实现了本文库编辑出版的初衷。

编辑出版博士文库，既是培养社会科学各学科学术带头人的有效举措，又是一种重要的文化积累，很有意义。在到中国社会科学院之前，我就曾饶有兴趣地看过文库中的部分论文，到社科院以后，也一直关注和支持文库的出版。新旧世纪之交，原编委会主任胡绳同志仙逝，社科院希望我主持文库编委会的工作，我同意了。社会科学博士都是青年社会科学研究人员，青年是国家的未来，青年社科学者是我们社会科学的未来，我们有责任支持他们更快地成长。

每一个时代总有属于它们自己的问题，"问题就是时代的声音"（马克思语）。坚持理论联系实际，注意研究带全局性的战略问题，是我们党的优良传统。我希望包括博士在内的青年社会科学工作者继承和发扬这一优良传统，密切关注、深入研究 21 世纪初中国面临的重大时代问题。离开了时代性，脱离了社会潮流，社会科学研究的价值就要受到影响。我是鼓励青年人成名成家的，这是党的需要，国家的需要，人民的需要。但问题在于，什么是名呢？名，就是他的价值得到了社会的承认。如果没有得到社会、人民的承认，他的价值又表现在哪里呢？所以说，价值就在于对社会重大问题的回答和解决。一旦回答了时代性的重大问题，就必然会对社会产生巨大而深刻的影响，你也因此而实现了你的价值。在这方面年轻的博士有很大的优势：精力旺盛，思维敏捷，勤于学习，勇于创新。但青年学者要多向老一辈学者学习，博士尤其要很好地向导师学习，在导师的指导下，发挥自己的优势，研究重大问题，就有可能出好的成果，实现自己的价值。过去12年入选文库的论文，也说明了这一点。

什么是当前时代的重大问题呢？纵观当今世界，无外乎两种社会制度，一种是资本主义制度，一种是社会主义制度。所有的世界观问题、政治问题、理论问题都离不开对这两大制度的基本看法。对于社会主义，马克思主义者和资本主义世界的学者都有很多的研究和论述；对于资本主义，马克思主义者和资本主义世界的学者也有过很多研究和论述。面对这些众说纷纭的思潮和学说，我们应该如何认识？从基本倾向看，资本主义国家的学者、政治家论证的是资本主义的合理性和长期存在的"必然性"；中国的马克思主义者、中国的社会科学工作者，当然要向世界、向社会讲清楚，中国坚持走自己的路一定能实现现代化，中华民族一定能通过社会主义来实现全面的振兴。中国的问题只能由中国人用自己的理论来解决，让外国人来解决中国的问题，是行不通的。也许有的同志会说，马克思主义也是外来的。但是，要知道，马克思主义只是在中国化了以后才解决中国的问题的。如果没有马克思主义的普遍原理与中国革命和建设的实际相结合而形成的毛泽东思想、邓小平理论，马克思主义同样不能解决中国的问题。教条主义是不行的，东教条不行，西教条也不行，什么教条都不行。把学问、理论当教条，本身就是反科学的。

在21世纪，人类所面对的最重大的问题仍然是两大制度问题：这两大制度的前途、命运如何？资本主义会如何变化？社会主义怎么发展？中国特色的社会主义怎么发展？中国学者无论是研究资本主义，还是研究社会主义，最终总是要落脚到解决中国的现实与未来问题。我看中国的未来就是如何保持长期的稳定和发展。只要能长期稳定，就能长期发展；只要能长期发展，中国的社会主义现代化就能实现。

什么是21世纪的重大理论问题？我看还是马克思主义的发展问

题。我们的理论是为中国的发展服务的，决不是相反。解决中国问题的关键，取决于我们能否更好地坚持和发展马克思主义，特别是发展马克思主义。不能发展马克思主义也就不能坚持马克思主义。一切不发展的、僵化的东西都是坚持不住的，也不可能坚持住。坚持马克思主义，就是要随着实践，随着社会、经济各方面的发展，不断地发展马克思主义。马克思主义没有穷尽真理，也没有包揽一切答案。它所提供给我们的，更多的是认识世界、改造世界的世界观、方法论、价值观，是立场，是方法。我们必须学会运用科学的世界观来认识社会的发展，在实践中不断地丰富和发展马克思主义，只有发展马克思主义才能真正坚持马克思主义。我们年轻的社会科学博士们要以坚持和发展马克思主义为己任，在这方面多出精品力作。我们将优先出版这种成果。

2001 年 8 月 8 日于北戴河

摘　要

　　中国经济已经进入了新的增长阶段，创新的重要性日益显著，而中小企业在创新方面发挥着不可忽视的作用，因此，研究中小企业创新的一般性规律，尤其是在创新影响因素方面进行深入的分析，具有重要的理论和实践意义。在对中小企业的创新行为进行研究时，创业板上市公司是需要特别关注的一类企业群体：这些公司普遍属于典型的中小企业，并且具有较强的创新性，通过对创业板上市公司的系统性研究，能够更好地把握中小企业在创新方面的一般规律，为中小企业通过创新获取竞争优势提供一定的理论指导，同时为完善国家创新体系，实现"创新驱动发展"战略提供企业层面的理论基础。

　　在已有的文献中，对中国企业的创新行为进行研究的概念框架一般基于熊彼特假说，将企业规模、市场结构、产权特征、行业技术机会等因素作为主要的解释变量。然而，一方面，大量中小企业在企业规模、市场结构、产权特征、行业技术机会等方面的区别并不十分明显；另一方面，这些企业在创新方面存在显著的差异，因此，基于熊彼特假说对中小企业的创新影响因素进行研究存在一定的理论问题。于是"为什么在企业规模、市场条件、产权特征、技术机会等方面相差不大的中小企业，在创新方面却表现出显著的不同"成为了本书的研究问题。

　　根据资源基础理论的分析思路，本书从企业资源的角度论述了创新优势的概念，并借鉴了创新动力机制研究和知识管理理论的相关文献，分析了创新优势在企业资源方面的理论含义，提出了"独立性技术知识资源""系统性技术知识资源""需求信息资源"这3个概念作为创新优势的具体内容。另外，还讨论了企业所面临的竞争压力对创新的作用。基于这些概念及其逻辑关系，本书建立了一个从企业资源的角度研究创新影响因素的概念框架。在制定了相应的测量量表后，收集了创业板上市公司的数据，对创新活力和创新程度这两个创新的维度建立了实证模型。通过对实证结果进行分析，得到了以下主要结论：第一，创新活力与创新程度具有显著的正相关关系；第二，独立性技术知识资源和系统性技术知识资源，对创新活力和创新程度都具有正向作用，但是，在创新程度方面，独立性技术知识资源比系统性技术知识资源所产生的效应更大，也更显著；第三，需求信息资源对创新活力具有显著的正向作用，但是，在创新程度方面没有表现出显著的效果；第四，竞争压力对创新活力具有显著的正向作用，同时正向调节了独立性技术知识资源和系统性技术知识资源对创新活力的作用，另外，竞争压力与创新程度之间表现出"U"形关系，在竞争压力较小的区间，创新程度与竞争压力负相关，而在竞争压力较大的区间，创新程度与竞争压力正向相关。

最后，对本书的研究结论与已有研究进行了比较和讨论，指出了本书的理论贡献和实践意义，并说明了研究的局限性和进一步的工作内容。

关键词：创业板上市公司；创新优势；资源基础理论；独立性技术知识资源；系统性技术知识资源；需求信息资源；竞争压力

Abstract

Innovation is becoming more and more important for China economies, and small and medium enterprises(SMEs) play a critical role in the innovation activities for the economic growth of China in the recent business environment. From this point of view, it is valuable to study the general rule of SMEs' innovation behavior, furthermore, the factors affecting innovation should be paid more attention. The listed companies in China's growth enterprise market provide an excellent research sample for the study of China's SMEs, as these companies are of typical characteristic from SMEs, and they usually undertake lots of innovative activities. Consequently, this book uses the listed companies in China's growth enterprise market to study China's SMEs' innovation behavior.

In the recent literatures of firm's innovation, the conceptual framework is often based on the Schumpeter Hypothesis, and view the firm size, market structure and characteristic of property rights as the determining factors to explain the firm innovation. However, most of SMEs have the similar firm size, confront of the same market environment, and are of the same characteristic of property rights, but firms are of obviously different innovation behavior. In other words, from the theoretical logic these factors could not be the crucial variables to analyze the innovation of SMEs. Naturally, the question "Why these SMEs with so much of the same characteristics demonstrate different innovation behavior?" becomes the studying focus of this book.

The resource-based theory provides a new analytical view in the competitive strategy, and this theory argues that the resources of a enterprise determine its competitive strategy. If the innovation activity is considered as a type of strategy, it should be ruled by the theory of competitive strategy, or specifically, the resource-based theory. This book gives a new conceptual framework based on the resource-based theory to analyze the factors affecting firm's innovation, and provides three concepts to explain the innovation advantages, namely independent technological knowledge resource, systematical technological knowledge resource, and demand information resource. Also, the competitive pressure has been analyzed in the conceptual framework. Based on the theoretical analysis and some other literatures, the measurement of the variables in the conceptual framework has been studied, and with this measurement, the data from the listed companies in China's growth enterprise market is collected. The empirical research shows five important conclusions.

First, the innovation vitality is of positive correlation with the degree of innovation. Second, the independent technological knowledge resource and systematical technological knowledge resource both have the positive effect on the innovation vitality and the degree of the innovation, but as for the degree of innovation, the independent technological knowledge resource have more effect. Third, the demand information resource have positive effect on the innovation vitality, but it is not significant on the degree of innovation. Fourth, the competitive pressure have positive effect on the innovation vitality, and it positive moderates the independent technological knowledge resource and systematical technological knowledge resource on innovation vitality, and correlates with the degree of innovation in the U shape way. Fifth, the control variables in the empirical model shows that, in the sample of this paper the firm size and the characteristic of property rights are of no significant effect on the enterprise innovation, and this conclusion refutes the Schumpeter hypothesis to some extent.

Finally, this book analyzes the result of the empirical study, and points out the theoretical contribution and the practical meanings before introducing the limitations and further research work.

Key Words: The listed companies in China's growth enterprise market; innovation advantages; resource-based theory; independent technological knowledge resource; systematical technological knowledge resource; demand information resource; competitive pressure

目　录

第一章　绪论 ………………………………………………………（1）

　第一节　研究背景 …………………………………………………（1）

　第二节　研究问题 …………………………………………………（2）

　第三节　研究思路和内容 …………………………………………（4）

　第四节　创新点 ……………………………………………………（7）

第二章　文献综述 …………………………………………………（9）

　第一节　竞争优势与资源基础理论 ………………………………（9）

　第二节　创新动力机制研究 ………………………………………（22）

　第三节　知识管理理论及其对知识特性的研究 …………………（34）

　第四节　创新影响因素的研究综述 ………………………………（40）

　第五节　本章小结 …………………………………………………（51）

第三章　概念框架：资源基础理论视角下的创新优势与

　　　　企业创新 …………………………………………………（54）

　第一节　企业创新的两个维度 ……………………………………（54）

　第二节　创新优势及其分析框架：资源基础理论的视角 ………（57）

　第三节　创新优势的具体内容：企业资源的分类及其对

　　　　　创新的作用 ……………………………………………（60）

　第四节　竞争压力与企业创新 ……………………………………（68）

　第五节　本章小结 …………………………………………………（70）

第四章　实证研究方法 ………………………………………（72）

　　第一节　样本描述和数据收集 …………………………（72）

　　第二节　测量方法 ………………………………………（80）

　　第三节　数量分析方法 …………………………………（93）

　　第四节　本章小结 ………………………………………（96）

第五章　实证研究结果 ………………………………………（97）

　　第一节　变量测量的信度和效度 ………………………（97）

　　第二节　创新活力模型的实证分析结果 ………………（109）

　　第三节　创新程度模型的实证分析结果 ………………（115）

　　第四节　本章小结 ………………………………………（123）

第六章　研究结论与评述 ……………………………………（125）

　　第一节　研究结果的总结和讨论 ………………………（125）

　　第二节　研究的理论贡献和实践意义 …………………（131）

　　第三节　研究的局限性和进一步的工作 ………………（132）

参考文献 ………………………………………………………（134）

索引 ……………………………………………………………（162）

Contents

1 **Introduction** ·· (1)

   1. 1   Research background ··· (1)

   1. 2   Research motivation ·· (2)

   1. 3   Thinking of research ··· (4)

   1. 4   Innovation points ··· (7)

2 **Literature Review** ··· (9)

   2. 1   Competitive advantages and Resource-Based Theory ·········· (9)

   2. 2   Research on the dynamics of innovation ····················· (22)

   2. 3   Knowledge management theory and the attribute of

         knowledge ··· (34)

   2. 4   Innovation and its effect ·· (40)

   2. 5   Preliminary summaries ·· (51)

3 **Conceptual Framework: Innovation Advantages and Enterprise**
Innovation from the Perspective of Research-based Theory ······ (54)

   3. 1   The two dimensions of enterprise innovation ················· (54)

   3. 2   Innovation advantages and its analyzing framework:

         from the resource-based view ·································· (57)

   3. 3   The content of innovation advantages: the classification

         and the effects of enterprise resources ····················· (60)

   3. 4   Competitive pressures and enterprise innovation ············· (68)

   3. 5   Preliminary summaries ·· (70)

4 Empirical Research Methods ·················· (72)

    4. 1 Sample descriptions and data collection ·············· (72)

    4. 2 Measurements ························· (80)

    4. 3 Quantitative analysis ·················· (93)

    4. 4 Preliminary summaries ··················· (96)

5 Empirical Research Results ··············· (97)

    5. 1 Reliability and validity of the measurement ·············· (97)

    5. 2 The analyzing results on innovation vitality model ·········· (109)

    5. 3 The analyzing results on innovation novelty model ·········· (115)

    5. 4 Preliminary summaries ·················· (123)

6 Research Conclusion and Comment ············· (125)

    6. 1 Summaries of research results and discussions ············ (125)

    6. 2 Theoretical contribution and practical significance
of the research ···················· (131)

    6. 3 Limitations and future work ·············· (132)

References ······························ (134)

Index ······························ (162)

第一章

绪　论

第一节　研究背景

经过 40 年的改革开放，中国已经逐渐进入新的发展阶段，创新成为进一步提升经济增长潜力的重要途径（刘世锦，2014）。历史经验表明，经济的快速健康发展与技术创新有着密切的联系（Cowan, et al., 2000），当今世界，技术创新日益成为经济社会发展的主要驱动力，科学技术迅猛发展，新的科技革命正在孕育和兴起，科技创新和产业发展的相互结合，经济全球化和信息化的交叉发展，这为中国经济的持续发展提供了宝贵的机遇，而实施创新驱动发展战略将使这一机遇的价值得到充分发挥，为经济增长提供了强大的动力。

虽然中国经济实现了快速增长，但是与世界发达国家相比，创新对于经济的贡献度相对较低，而且中国企业在世界市场上还没能表现出卓越的创新能力（韩宇，2009；王娜等，2010），创新方面的不足逐渐成为中国企业进一步参与国际竞争的致命"短板"（诺兰等，2007；陈羽，2012）。因此，如何提升中国企业的创新能力，成为学术界和商业界共同关心的重要问题（傅家骥等，2003；冯晓莉，2005；诺兰等，2007；吴延兵，2007；黄淙淙，2011）。

大量研究表明，中小企业的创新能力对整个经济体的创新水平具有非常关键的作用（Hall et al., 2009；Lee et al., 2010；Zeng et al., 2010；Alegre et al., 2011）。经济学家鲍莫尔在其著作《资本主义的增长奇迹：自由市场创新机器》中，也特别强调了中小企业创新对于经济增长的巨大贡献，甚至认为资本主义的发展在很大程度上都要归于这种创新的不断涌现。数量庞大的中小企业在创新方面的表现，将在很大程度上影响整个经济体的创新能力，因此，关于中小企业的创新行为及其规律的研究对如何提升中国企业的创新能力有着重要意义，并且，这类研究还能够为国家创新体系（Lundvall, 1992）的相关研究提供微观层面的理论启示，为中国创新驱动发展战略的实施提供一定的参考。

在中国的中小企业群体中，创业板上市公司是特别值得关注的一类。一方面，这些企业是典型的中小企业，一般规模不大，资金实力并不雄厚，而市场化程度却很高，产权方面以非国有经济为主；另一方面，这类企业相比于一般的中小企业来说，成长势头较好，经营水平较高，尤其是，这些企业主要集中在信息技术、电子、机械制造和生物医药等高技术行业，具有较强的创新能力。因此，虽然创业板上市公司只占中国全部中小企业的极小一部分，但是，对这些企业在创新方面的研究有助于理解中小企业在创新方面的一般性规律，而且，考虑到创业板上市属于经营状况相对良好的企业，它们在创新方面的行为规律，也能够为其他中小企业实现创新式发展提供重要的参考和借鉴。

正是基于以上的现实背景，本书提出对中国创业板上市公司的创新行为进行研究，试图发现其中的一般性规律，为深入理解中小企业的创新规律提供一定的理论启示，也为中小企业提升创新能力、培育创新优势给出一些实践指导。

第二节　研究问题

一　问题的提出

本书研究的问题是：为什么在企业规模、市场结构、产权特征、技术机会等方面相差不大的中小企业（如创业板上市公司），在创新方面却表现出显著的不同？即，什么因素造成了中小企业之间不同的创新表现？

根据熊彼特的假说（Schumpeter, 1942；Fagerberg et al., 2006；吴延兵，2007）和大量关于创新的实证研究结果（Scherer, 1967a, 1967b；Scherer, 1984；Cohen & Klepper, 1996；Breschi et al., 2000；Freel, 2003；Tsai & Wang, 2005；Crook et al., 2008；Cohen, 2010），企业规模、市场力量和行业技术机会是决定创新的重要因素。然而，中国创业板上市公司以中小型企业为主，拥有类似的产权特征，处于相同的市场环

境，普遍拥有相对丰富的经营管理经验，并且多数企业集中在电子、信息技术、机械制造等"知识密集型"行业，但是这些中小企业在创新方面的表现依然具有非常显著的差异（李龙筠，2011）。面对这种情况，很自然地提出一个问题：为什么拥有如此多相似特征的中小企业，在创新方面依然表现出明显的差异？这便是本书要研究的问题。显然，对该问题的研究能够更深入地分析影响企业创新的关键因素，有助于进一步揭示中小企业的创新行为所具有的一般性规律。

二 相关的子问题

围绕本书的研究问题，需要考虑两个方面：第一，如何从概念上界定"创新的差异"或"创新表现的不同"？也就是说，企业的"创新表现"应从哪些维度进行描述？第二，从什么角度对众多创新的影响因素进行归纳概括，从而能够发现一些清晰的规律？即适合分析中小企业创新行为的概念框架是什么？针对第一个方面，有大量研究结果可以参考（Cohen & Levinthal，1990；Acs & Audretsch，1993；Koberg et al.，2003；Becker & Dietz，2004；Tripsas，2008；Ciftci & Cready，2011；Govindarajan et al.，2011），归纳这些文献可以发现，以创新投入所反映的创新活力和以产品新颖性所反映的创新程度，这两个方面能够较为清晰地刻画企业的创新表现（Becheikh et al.，2005），因此，"创新活力"和"创新程度"是本书用来描述创新表现的两个维度，但是如何对这两维度在创业板上市公司的背景下进行量化分析，依然需要进一步的研究。而对于第二个问题，虽然也有大量的研究结论，但是，已有的概念框架主要从产业结构的角度对创新的影响因素进行分析，这些研究主要以企业规模（Scherer，1967a，1967b；Tsai & Wang，2005）、市场结构（Levin & Reiss，1984；Koeller，1995；Atuahene-Gima et al.，2005）、产权特征（吴延兵，2007）、技术机会（Breschi et al.，2000；Park & Lee，2006）为自变量对企业创新进行研究，但是根据前面的分析，类似于创业板上市公司的中小企业，在这些方面的差异并不显著，因此这类概念框架难以对本书的研究问题给出完整的回答。因此，本书需要构建一个更适合分析中小企业创新影响因素的新的概念框架，从而对第二个问题进行解答（第三章将对这一概念框架的建立进行详细论述）。

三　问题边界的说明

创新的概念涉及范围很广，即使是在企业层面，也可以对创新的不同方面进行研究，如创新绩效、创新效率、创新投入（OECD，2005，2008；Fagerberg et al.，2006）等。虽然这些研究对于理解中小企业的创新行为具有一定的启发性，但是本书的研究重点是，对企业创新影响因素进行分析，建立相关影响因素与企业创新表现之间的逻辑联系，并通过创业板上市公司的实际数据对提出的理论假设进行实证研究。所以，本书的研究问题限定在创新影响因素与企业创新表现之间的关系，而并不强调创新影响因素对于企业绩效或者与创新相关的其他方面会产生什么作用。

另外，根据 OECD（2005，2008）的研究，企业创新可以分为产品创新、过程创新、组织创新和营销创新，其中前面两类被称为技术创新，后面两类被称为非技术创新。虽然非技术创新对于企业绩效的提高有积极作用，但是对于一般的中小企业来说，技术创新对于竞争力提升的意义更加直接（Keizer et al.，2002；Lee et al.，2010），本文将研究的重点放在技术创新，除非特别说明，否则本文中的创新专指企业的技术创新。

第三节　研究思路和内容

一　研究思路和研究方法

本书的研究思路基于两个方面的考虑：第一，除了企业规模、市场环境、技术机会等产业结构因素，企业之间还存在着众多差异（诺兰等，2007；王娜等，2010），这些差异中很可能包含着影响创新的因素，因此，本书将研究视角深入到企业内部，分析企业自身特性与创新之间可能存在的某种联系；第二，中小企业处于竞争较为激烈的、市场化程度较高的环境，可以认为创新是企业为了获取竞争优势而采取的一种战略，因此，创新行为必然受到竞争战略相关规律的支配。综合这两方面的考虑，本书选择了资源基础理论（Barney & Clark，2007）作为基础的分析框架，指出创新优势是决定企业创新的关键因素，然后，又借鉴了创新动力机制研究、知识管理理论的相关研究结论，从企业资源的角度论述了创新优势的具体内容，在此基础上建立本书的概念框架，并依据该框架，对创业板上市公司数据进行了实证研究（第四章将详细介绍数据的收集方法），最后讨论了研究结果。总之，本书的研究思路是利用资源基础理论的分析框架，通过创新优势这个概念，建立企业的创新资源（即创新优势的具体内容）与创新表现之间的逻辑关系，并通过这个分析视角研究中小企业（创业板上市公司）的创新规律。

本书的研究方法是规范研究和实证研究相结合。对于规范研究，为从总体上把握企业资源与创新表现之间的关系，本书对资源基础理论、创新动力机制研究、知识管理理论和创新影响因素四个方面的相关文献进行归纳梳理，厘清研究脉络和现状，作为本书的重要理论基础。在整个研究过程中，为了尽可能全面地掌握相关领域的最新进展，笔者对 ISI、Emerald、Science Direct、ProQuest、中国知网（CNKI）等国内外多个学术论文数据库的论文进行了长期跟踪检索。在大量研究已有相关文献后，进行过细致严密的论证逐渐发展出一个用于分析中小企业创新影响因素的新的概念框架。在实证研究方面，本书根据概念框架的理论含义，借鉴了相应的实证分析方法，明确了样本筛选条件、为概念框架中的变量设计了测量量表，并详细制定了数据收集的方法，在完成数据收集后，本书使用规范的数量方法对测量的信度和效度进行了检验，在确定测量质量符合要求后，通过实证模型检验了相应的理论假设，得到了研究结论，最后对结论进行了详尽的讨论。

二 技术路线和研究内容

本书的技术路线包括以下 5 个过程：（1）文献综述；（2）提出理论假设，建立概念框架；（3）基于构建的概念框架，进行研究设计，收集所需的样本数据；（4）对收集到的数据做数量分析，得到实证研究的结论；（5）对研究结论进行分析和评述。具体地说，本书首先对研究中需要借鉴的理论文献进行了综述，包括竞争优势与资源基础理论、创新动力机制研究、知识管理理论，这些文献的研究结论为本书构建概念框架提供了必要的理论支撑，另外，还对创新影响因素的重要文献进行了回顾，这些文献对本书的研究也具有重要的启发作用。在文献综述的基础上，本书针对创新影响因素已有研究的不足，借鉴了资源基础理论、创新动力机制研究和知识管理理论的相关结论，经过分析和论述，构建了一个新的概念框架（具体内容见第三章），然后，基于概念框架，并参考已有文献的研究方法，本书设计了对概念框架中各变量进行测量的方法（具体内容见

第四章），通过该方法对创业板上市公司中的 316 家企业进行数据收集，并通过实证分析检验了概念框架中的理论假设，最后，对研究结果进行了详细的讨论，评述了研究结果对研究问题的回答程度，也指出了研究的理论贡献和局限性。图 1－1 展示了整个研究过程，说明了本书的研究内容。

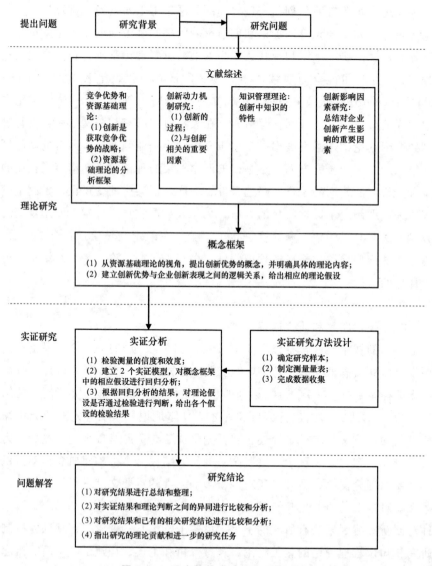

图 1－1　研究的技术路线和研究内容

三　文章结构

根据研究路线和内容所展示的逻辑顺序，本书一共分六章，各章的安排如下。

第一章绪论，介绍研究背景，说明对创业板上市公司的创新规律研究具有重要的理论和实践意义，并概括介绍了研究思路和研究内容。

第二章文献综述，对本书构建概念框架所需要的相关理论研究进行了归纳，同时分析了关于创新影响因素的已有研究在分析创业板上市公司这类中小企业时，所面临的理论问题。

第三章概念框架，在文献综述的基础上，借鉴了战略管理理论、创新动力机制研究和知识管理理论的相关结论，本章进行详细的论证，从资源基础理论的视角建立了一个分析企业创新影响因素的新的概念框架。

第四章研究方法，本章选取了316家创业板上市公司作为研究样本，基于对概念框架中变量的理论含义，参考已有文献的研究，设计了测量方法，并通过这种方法，利用上市公司年报和招股说明书，完成了对样本企业的数据收集。

第五章实证研究，根据概念框架所反映的逻辑关系，建立了创新活力模型和创新程度模型，对收集到的数据进行信度和效度检测后，放入模型进行实证研究，通过回归分析结果判断相应的理论假设是否通过检测。

第六章结论和评述，总结研究结果，对实证结果进行详尽的分析，还将本书的研究结果和已有的研究结论进行比较研究，最后概括了本书的研究结论对研究问题的回答程度，指出了本书的理论贡献和进一步的研究方向。

第四节　创新点

本书的创新之处主要体现在以下三个方面。

第一，在理论方面，从资源基础理论的分析视角，研究企业资源的异质性对于创新表现的作用，建立了一个用于分析中小企业创新影响因素的新的概念框架，该框架突破了依据熊彼特假说从企业规模和市场结构等角角度对企业创新决定因素进行分析的理论框架（吴延兵，2007），为研究中小企业创新行为提供了新的理论视角。

　　第二，在数据获取方面，根据提出的概念框架的基础，借鉴相关的研究方法，本书针对创业板上市公司的特点，设计了相应的测量量表，对316家创业板上市公司进行了数据收集。考虑到企业层面数据收集的难度，而且，在创新影响因素的研究中，很少有文献系统地利用公司年报和招股说明书等公开披露的资料对中国企业进行数据收集（李龙筠、谢艺，2011），因此，本书的数据收集方法及所获取的数据，也是一项创新。

　　第三，对于本书的研究结论，一方面，检验了企业的资源对于创新具有重要作用的相关假设，证实了基于企业资源的创新优势对于企业创新的作用和竞争压力对创新的影响；另一方面，实证模型中，在对企业规模、产权特性等因素进行控制后，结果说明这些因素在创业板上市公司的样本中，对创新的影响并不显著，从而在一定程度上对熊彼特假说提出了质疑。

第二章

文献综述

根据第一章提出的研究问题和分析思路，本章对相关研究进行综述，厘清本书与现有研究成果之间的继承和拓展关系，为下一章构建概念框架提供理论支撑。本章分四节展开：第一节，对竞争优势的概念和资源基础理论进行了回顾，总结了创新对于企业构建和保持竞争优势的重要作用；第二节，对创新动力机制研究的相关结论进行综述，归纳出企业技术知识、市场需求信息和竞争环境这三类对创新具有显著影响的因素；第三节，总结了知识管理理论中的重要文献，着重分析了不同类型的知识特性对企业创新的作用，为借鉴资源基础理论的分析框架研究创新影响因素提供了必要的理论支撑；第四节，对创新影响因素的研究思路进行了梳理，归纳了现有文献中主要的分析框架，并进行了理论评述。

在以上四个方面中，前三个方面为深入分析研究问题和建立本书的概念框架提供了必要的理论基础（也就是说，本书的分析逻辑和概念框架是建立在资源基础理论、创新动力机制研究和知识管理理论的研究结论之上）；而第四个方面的文献给出了与研究问题相关的一些重要结论，虽然这些结论没能很好地回答本书的研究问题（甚至存在一些理论上的不足），但是它们依然为本书的研究提供了有价值的参考。

第一节　竞争优势与资源基础理论

在激烈的市场竞争中，企业采用各种战略以获取竞争优势（Chandler，1962；Porter，1980，1985；Teece，1997；Crook et al.，2008；马浩，2010）。对于竞争优势的定义，概括地说，如果一个（或一些）企业由于在某种特点或者维度上与其他企业存在差别，且能够提供更有价值的产品和服务，从而使该企业获得更好的企业绩效（performance），那么这种差别就是该企业的竞争优势（马浩，2010）。竞争优势对于企业发展至关重要，大量文献对此进行了系统的研究（Porter，1980，1985；Cepeda & Vera，2007；Teece，2007；Barreto，2010）。Porter（1985）提出了分析竞争优势的"结构—行为—绩效"（Structure Conduct Performance，SCP）范式，从产业组织的角度研究竞争优势，而 Barney（1991）根据企业资源异质性的观点提出了资源基础理论（Resource-Based Theory，RBT）或称资源基础观（Resource-Based View，RBV），将异质性资源看作决定企业竞争战略的关键因素。虽然 Porter 的理论提出得较早，在理论界和商业界影响力很大（Teece，1992；Barney & Clark，2007；Hess & Rothaermel，2011），但是，资源基础理论自 20 世纪 90 年代逐渐形成后，得到了迅速的发展，形成了从企业资源的特性对竞争优势进行分析的多种概念框架（Teece，1997；Barney，2001；Helfat & Petera，2003）。

一 竞争优势

（一）竞争优势的理论含义

英国经济学家张伯伦在《垄断竞争理论》（Chamberlin，1933）中就提出了竞争优势的概念，说明了竞争优势对于企业发展的重要意义。斯蒂格勒也对竞争优势提出了富有洞察力的观点，他认为竞争是个人（或集团、国家）间的角逐，由于竞争的排他性，肯定会有一些个人（或组织）在竞争中获胜，也就是相对其他个体（或组织）而言表现出一定的优势，这种优势是竞争的结果，是具有优势的个体（或组织）所表现出的是一种相对优越的状态（王建华，2002）。

随着市场经济的发展和商业文明的繁荣，战略管理理论对于企业运营的指导意义变得愈加明显（Porter，1991；Newbert，2007；马浩，2010）。国外学者对竞争优势的研究较早，进行了系统而深入的研究，提出了一系列具有学术影响力的观点。战略理论设计学派的代表人物 Alderson（1965）首先提出了用 SWOT 分析框架，强调从企业所处的环境及自身拥有的资源中寻求相对优势。Hofer 和 Schendel（1978）认为企业竞争优势就是一个企业通过其资源的调配而获得的相对于竞争对手的独特性市场地位。Day 和 Wensley（1988）在论述维持竞争优势的战略类型时，提出了可持续竞争优势的观点。波特（Porter，1985）在探讨两种获取长期竞争优势的基本竞争战略（低成本战略和产品差异化战略）时，使用了"企业可持续竞争优势"这一概念，并认为竞争优势是竞争性市场中企业绩效的核心，波特认为企业竞争优势是通过创造出更高产品价值而获得的优于竞争对手的企业绩效。Ansoff 和 McDonnell（1990）认为竞争优势是企业的一种特质，它能够为企业带来比其他竞争者更优越的竞争地位。贝赞等（Besanko et al.，2009）在其著作《战略经济学》中指出，一个很好地满足消费者需求，但同时牺牲了股东利益的公司不会真正具有超过竞争者的优势，而当一家公司的利润水平超过了行业的平均值，则该公司就获得了竞争优势。Barney（1991）较为清晰地界定了企业可持续竞争优势的概念，他认为当企业实施的某种价值创造战略不能被现有的或潜在的竞争者实施时，企业就有竞争优势，并且，如果这种战略及其所带来的利益在长期内依然无法被其他企业复制时，那么该企业就拥有可持续竞争优势。在 Barney 概念的基础上，Hoffman（2000）进一步进行了总结，认为可持续竞争优势就是企业通过实施独特战略而获得的持久的利益，企业实施的这种独特战略既不能被现实的或潜在的竞争者所实施，也不能被它们复制这种战略利益。

国内学者对竞争优势的概念进行了研究，主要有两种代表性观点（周晓东、项保华，2003）：第一种观点认为，竞争优势本质上是一种战略优势，其中优势是指在市场竞争中，与竞争对手相比，优于对手的竞争地位和竞争实力，而战略优势是指企业较长时期内，在关系到全局经营成败和根本性的方面，所拥有的优势地位和实力，优势地位是指优越的地理位置、优越的产业地位、优越的政策地位，它们是客观条件和历史条件造成的，优势实力是指资源积累情况、资源组合状况和资源的运用状况三个方面；第二种观点认为竞争优势是一种获利能力，该能力使企业获得优于同行竞争者的企业绩效，例如，孙育平（2003）认为企业的竞争优势就是指企业在与同行业企业的竞争中所表现出的相对于竞争对手的一种优势，依赖这种优势，企业可以获得超过所在行业正常收益率的回报，类似地；王艳（2003）将企业的竞争优势视为企业依靠自身独特的技术、产品和服务，在与同行业企业的竞争中所表现出来的，相对于竞争对手的一种优势。依赖这种优势，企业可以获得超过本行业正常收益率的回报，基于相似的理论视角；冯艳婷（2004）借鉴了日本学者大前研一关于企业战略就是以最有效的方式努力提高公司相对于它的竞争对手的实力的观点，提出企业竞争优势实质上是一种比对手强的相对实力，其直接表现就是能够使企业获取超出行业平均水平的利润，也就是说，比竞争对手具有更优的企业绩效。

回顾国内外学者关于竞争优势的主要研究观点可以看出，虽然这些观点在竞争优势的定义或概念的表述上有所差别，但是其根本内涵是一致的，即竞争优势是企业所具有的某种属性或特征，该属性或特征能够使企业提供更有价值的产品或服务，并获得优于竞争对手的企业绩效（Porter，1980，1985；Teece，1997，2007；Barney & Clark，2007）。当具备竞争优势的企业获得了优于竞争对手的企业绩效时，该企业表现出竞争优势。

（二）创新与竞争优势

在商业实践中，随着人类知识的丰富和科技水平的提高，创新成为企业获取竞争优势的一项重要手段（诺兰等，2007），大量研究表明创新对于企业绩效的提升具有显著的促进作用（Salavou，2004；Laursen & Salter，2006；Liao & Rice，2010；Kim & Huarng，2011）。

熊彼特（1939，1942）曾经指出，在资本主义经济的发展过程中，当一项新的技术被大规模采用，原有的技术和产品则有可能被淘汰，从而大量的资源向新技术集中，破坏了原有的生产方式，于是产生了一种所谓的"破坏式创新"，从而推动经济方式的变化，促进了经济的发展。在熊彼特的描述中，可以看出，本质上是由于新技术使得某些企业相对于其他企业表现出了竞争优势，于是才使得更多资源能够向新技术集中，从而逐渐改变原有的生产方式。而随着科技革命的不断深入，技术创新对于企业获取并保持竞争优势具有更为重要的意义，大量实证分析结果都表明，创新能够提高企业的竞争力，使企业获取竞争优势。Keizer 等（2002）通过对荷兰电力和制造业企业的研究，说明创新对于中小企业经济绩效的提升具有显著的效果，而 Hall 等（2009）关于意大利中小企业的实证分析，表明创新对于企业生产效率具有显著的正向作用。Alegre 等（2011）针对高技术行业的企业进行了深入的研究，结果表明创新能够显著提高企业的竞争能力。另外，诺兰等（2007）通过详尽的案例分析，研究了在科技革命和商业全球化背景下，创新是如何提高企业绩效的，这些案例非常清晰地展示了创新对企业获取竞争优势的关键作用。

二 资源基础理论

资源基础理论（Resource-Based Theory，RBT），也称资源基础观（Resource-Based View，RBV），是研究企业如何创建并保持竞争优势的最有影响力的分析框架之一。该理论采取了一种面向企业自身特征的分析视角，把企业视为异质性资源的集合体，认为这种异质性的资源组合能够使企业获得经济租金（Wernerfelt，1984；Rumelt，1984；Conner，1991；Barney，1991），从而构成企业竞争优势的源泉。

资源基础理论强调不同企业间资源禀赋的差异，并从企业资源的特性和战略要素市场（Barney，1986a）的角度出发，论述异质性资源对于竞争优势的作用。在分析企业的竞争优势时，资源基础理论基于两个前提假设："第一，处于同一产业（或群体）的企业在其所控制的资源上可能是异质性的；第二，这些资源在企业间是难以自由流动的，因此异质性可以长期存在"（Ray & Barney，2004）。资源基础理论从价值性、稀缺性和难以模仿性这三个角度对企业资源进行了分析，并指出当具有这三种特性的资源能够通过企业高效的组织而得以利用时，企业便可以获得持续性的竞争优势（Barney & Clark，2007）。下面就对资源基础理论的发展过程和主要观点进行系统的梳理和回顾。

（一）资源基础理论的早期研究

关于资源基础理论的最早论著是 Wernerfelt 于 1984 年发表的《企业的资源基础观点》（Wernerfelt，1984）。当时，Wernerfelt 尝试开发出一种新的竞争优势理论，这种理论强调根据企业所拥有资源来实施产品市场战略，并将这种新理论作为对波特（Porter，1980）基于企业产品市场地位的竞争优势理论的一种补充（或双重）视角[①]（Barney & Clark，2007）。Wernerfelt 的理论贡献在于，他认识到企业间基于资源及资源组合的竞争对企业在实施产品市场战略中获得竞争优势的重要意义。根据 Wernerfelt 的理论，企业采用的产品市场地位组合是它所控制的资源一种反映，因此，企业间所进行的产品市场地位竞争，也可以看作是企业间所拥有资源地位的竞争。从理论上说，只要能够分析企业产品市场竞

---

① 这里的"双重"视角，是论证逻辑中常见一种现象。简单地说，对于一个理论的论述，可以从相反的两个方向进行说明，但最终能够得出相同的观点。

争力的概念（如进入壁垒），那么必然存在另一个能够分析不同企业间所控制资源的竞争状况的互补概念（如模仿壁垒）（Ray & Barney, 2004；Barney & Clark，2007）。可以看出，Wernerfelt 的"资源基础观点"仅从企业控制的资源角度看待产品市场的竞争问题，这与波特所描述的问题是一致的，而并未深入分析企业资源的特性，因此没有突破从产品市场竞争的角度来研究竞争优势的分析框架。尽管如此，Wernerfelt 认识了到企业间基于资源及资源组合的竞争对于企业实施产品市场战略中获得竞争优势的重要性，这些研究涉及资源基础理论的关键因素（Barney，2001）。

第二篇关于资源基础理论的文献是 Rumelt 在 1984 年发表的（Rumelt，1984），在这篇论文中 Rumelt 关注的问题是企业为何存在，并将研究重点放在企业获取经济租金的能力上。与交易成本理论（Willianmson，1975）不同的是，Rumelt 从资源的角度研究了企业租金和获取的规律。沿着这个思路，其他学者也进行了一系列研究，并将租金产生、交易成本和公司治理等几个问题联系起来（Conner & Prahalad，1996；Grant，1996；Barney & Clark，2007），这些研究致力于发展一种基于资源的企业理论。这些理论与交易成本理论不同的是，它们强调"资源基础的观点"，例如，虽然"资源基础的观点"和交易成本理论都将交易专用性（Willianmson，1975）作为重要的研究因素，但是，前者将专用性看作一种可以产生经济租金的资源（Barney，2001）。另外，根据 Rumelt 的观点，企业被看作是一组生产性资源的组合，并且这些资源的价值会根据应用环境的变化而发生改变，同时，这些资源的可模仿性取决于它们被"隔绝机制"所保护的程度（Rumelt，1984）。

资源基础理论的第三篇论文是 Barney 在 1986 年发表的（Barney，1986a），Barney 认为发展出一种基于企业所拥有资源的属性来解释企业持久竞争力的理论是可行的，这一观点与 Wernerfelt 十分类似。并且，Barney 进一步指出，这种理论与基于企业产品市场地位的竞争优势理论有着不同的内涵，这也标志着"资源基础的观点"向资源基础理论发展的转变。在论文中 Berney 提出了"战略性要素市场"的概念，这一概念是指企业获取实施产品市场战略所需资源的场所（Barney，1986a）。Barney 认为，如果战略要素市场是完全竞争的，那么，即使企业成功地实施能够创造不完全竞争产品市场的战略，这些战略也不能够使企业获取经济租金。也就是说，战略要素市场的完全竞争性则意味着产品市场的不完全竞争性并不足发展成一个能够解释企业间持久绩效差异的理论（Barney & Clark，2007），这与波特的产业吸引力理论①相矛盾。简言之，Barney 的观点说明，如果战略性要素市场是完全竞争的，那么企业将不可能获得经济租金。在现实的商业实践中，战略性要素市场并不总是完全竞争的，至少有两种原因会造成战略性要素市场的不完全竞争性。第一种，在面临不确定性时，有些企业可能是幸运的，而另外一些没那么幸运；第二种，某些特定的企业可能在战略要素市场上获取或培育某种资源的价值具有更强的能力（Barney，1986b）。Barney 在其论文结尾处指出，相比于外部环境，一个企业所控制的内部资源更可能成为其企业经济租金的来源（Barney，1986b）。

资源基础理论早期研究的第四篇重要文献是 Dierickx 和 Cool 于 1989 年发表的（Dierickx & Cool，1989），论文扩展了 Barney 的观点，并分析了是什么使企业所拥有的资源能够产生经济租金。在参考了 Rumelt 关于隔离机制（Rumelt，1984）的讨论后，Dierickx 和 Cool 认为，由于时间压缩的非经济性［也有学者称之为"路径依赖性"（Arthur，1994）］、原因不明、资产存量具有关联性或资产累积效率等特性的资源，与其他类型的资源相比，更容易产生战略要素市场的不完全竞争性，因此，这种资源特性造成的战略要素市场的不完全竞争性造成了经济租金的出现，即带来了企业间的绩效差异。Dierickx 和 Cool 的重要贡献在于，他们提出了从企业所拥有资源的特性这一角度进行研究，分析了企业资源如何产生经济租金的机制，为进一步系统论证资源基础理论提供重要借鉴（Barney，1991；Barney & Clark，2007）。

Wernerfelt（1984）、Rumelt（1984）、Barney（1986a）以及 Dierickx 和 Cool（1989）四篇文献共同构建了资源基础理论的基本框架。这些文章表明，以企业所拥有的资源为基本分析单元发展出一种分析企业竞争优势的理论是可行的，这些研究讨论了资源要成为企业竞争优势所应具备的一些属性，揭示出正是由于企业所拥有的异质性资源才使得企业获得并保持了竞争优势（Barney & Clark，2007）。基于早期研究所提出的分析框

---

① 该理论认为，企业能够进入并在有吸引力的市场中运行的能力是企业持久卓越绩效的有力解释。

架，学者们对企业资源的特性以及这些独特的资源如何产生竞争优势等一系列重要问题逐渐进行了深入的研究（Teece，1992；Grant，1996；Newbert，2007；Armstrong & Shimizu.，2007；Cepeda & Vera，2007；Hess & Rothaermel，2011）。

（二）企业资源与竞争优势的分析框架

资源基础理论的早期研究表明，企业能否获得竞争优势依赖于战略要素市场的不完全竞争性（Barney，1986a，1991，2001），根据这一观点，企业应该基于自身所拥有的资源与能力来选择、实施战略以构建并维持竞争优势（Barney & Clark，2007）。然而早期的研究并没有回答这样一个重要问题：在企业所控制的诸多资源中，哪些资源能够为企业带来竞争优势？通过对战略要素市场的不完全竞争性和企业资源特性的深入研究，资源基础理论进一步深化了对企业资源的认识，并在此基础上发展了企业资源特性和竞争优势构建的理论框架，使得以企业资源为研究单元来分析竞争优势的理论体系逐渐完善（Peteraf，1993；Teece et al.，1997；Newbert，2007；Terziovski，2010）。

与波特的"五力模型"（Porter，1980，1985）一样，资源基础理论在建立企业资源与竞争优势的关系时也依赖于特定的前提假设。在波特的模型中，有两个隐含的前提假设：第一个假定是，同一产业内的企业除规模有差异之外，所控制的资源以及所采取的战略一般不存在区别（Porter，1981；Rumelt，1984）；第二个假定是，企业实施战略所依赖的资源有很高的流动性，这使得即便在某个产业中的企业出现了资源上的异质性，这种异质性也不可能长期存在（Porter，1985）。但是，在资源基础理论中需要研究企业的内部资源与竞争优势之间的关系，因此分析框架不能建立在"五力模型"的前提假设之上，因为那两个假设排除了企业资源的异质性和非流动性作为竞争优势的可能性（Rumelt，1984；Wernerfelt，1984，1989）。实际上，资源基础理论建立在另外两个完全不同的前提假设之上：第一，即使在同一产业内，企业所控制的资源也可以具有异质性；第二，这些异质性的资源在企业间是难以自由流动的，因此企业间资源的异质性可以长期存在（Barney，1991，2001）。通过对比波特模型和资源基础理论的前提假设，不难发现，前者受到产业组织理论中 SCP 分析范式的影响，从产业差异的角度对竞争优势的形成进行分析，而后者则能够将企业的资源作为分析的基本单元，深入企业内部，建立企业资源与竞争优势之间的理论联系。

1. 企业资源的属性

即使符合资源的异质性和非流动性的前提假设，也并不意味着所有种类的资源都是企业获取并保持竞争优势的来源。要成为竞争优势，这些资源还应具备一些特定的属性和条件：有价值、稀缺、难以模仿，并被良好地组织（Barney，2001）。

（1）资源必须是有价值的（Value），企业的某种资源只有在有价值时才可能成为竞争优势的来源（Barney & Clark，2007）。资源的价值体现在能够提升企业实施具有更强竞争力的战略（Barney，1991）：一方面，这种资源可能提高企业实施竞争战略的效率和效能，另一方面，它可能降低企业实施竞争战略所面临的成本和风险，或者这两个方面兼而有之（Barney，1986a）。

（2）资源必须是稀缺的（Rarity），只有当某个企业比其所在产业的边际企业创造出更多的经济价值时才表现出竞争优势，因此，如果某种有价值的资源能够为众多具有竞争关系的企业所获取，那么每家企业都有能力以十分类似的竞争战略来利用这项资源（在不考虑其他资源和条件的情况下），其结果是，没有一家企业能够具有竞争优势（Barney & Clark，2007）。

（3）资源必须是不可完全模仿的（Imitability），虽然有价值且稀缺的资源能够作为竞争优势的来源，但是，只有当这类资源难以被其他竞争企业通过复制或者寻求替代品的方式获得时，才可能成为持续竞争优势的来源（Bayney，1986；Newbert，2007）。企业资源之所以有可能具备不可模仿性，是因为这类资源至少受到三个因素的影响：企业获取某种资源的能力依赖于独特的历史条件；企业所拥有的资源与其持续的竞争优势之间的因果关系不明晰；构成竞争优势的资源具有社会复杂性（Dierickx & Cool，1989）。

首先，对于独特的历史条件，资源基础理论承认企业不仅是历史和社会意义上的实体，同时企业所拥有的特定资源或能力也受制于这些企业在时间和空间中的位置（Barney & Clark，2007；Makadok，2001）。一旦特定的历史时期过去了，那些依赖于时空条件的资源将不会再被其他企业所获得，从这个意义上说，这类资源是不可能被完全模仿。其实，关于历史对于企业竞争优势的重要性的问题，在资源基础理论被提出之前就已经得到了战略研究学者的重视，一些文献分析了企业创立时的独特历史条件或新的管理团队在接手企业时所面临的特殊情形，对于企业长期绩效的重要作用（Ansoff，1965）。进一步对特定历史时期与企业绩效之间的关系进行分析后，一些学者逐渐发展出企业绩效的路径依赖模型（Acedo，2006），这些学者的认为，企业的竞争优势不仅取决于特殊时间点上企业所处的产业结构特征和其在产业中的地位，还取决于企业以何种历史路径发展到当前的地位。如果某个企业是由于历史上的特殊路径而获得了当前有价值且稀缺的资源，即这类资源是难以被模仿的，那么拥有这类特殊资源的企业可以基于这种资源上的优势实施相应的战略以获取经济租金，而这种战略是其他企业难以复制的（Barney & Clark，2007）。同时，战略管理研究中的很多案例也表明独特的历史地位可以赋予企业某种特定的资源，而这些资源是其他竞争对手所难以获取的，如朗讯科技公司（Kupfer，1997）。在系统地总结了特定的时空条件对企业绩效的作用后，Barney（Barney & Clark，2007）指出，通过独特的历史条件可以通过两种方式使企业获取难以被完全模仿的竞争优势：第一，某个企业可能是产业内第一个对某种资源加以开发的企业，从而它获得了"先动者优势"（Fagerberg et al.，2006）；第二，在产业发展过程中，如果早期的事件对于后续事件能够产生重要作用，那么，路径依赖性将使得那些早期获得了某种优势的企业在当前依然保持优势地位。

其次，因果模糊性在战略管理的文献中得到了较为系统的研究（Lippman & Rumelt，1982；Rumelt，1984；Barney，1986b；Crook et al.，2008）。从资源基础理论的角度讲，如果企业所拥有的资源和持续的竞争优势之间的关系不为人知或者知之甚少，那么就可以认为存在某种因果模糊性（Chatterjee & Wernerfelt，1991；Armstrong& Shimizu，2007）。当存在因果模糊性时，那些试图通过模仿复制成功的企业将会面临巨大的困难，因为根本就不知道该复制哪些资源。模仿企业首先必须知道成功企业的竞争优势到底源于哪些资源，但是在因果模糊性的情况下，这一问题很难被弄清楚（Barney & Clark，2007）。在现实情况中，有时很难理解为什么一些企业比另一些企业表现更好（Demsetz，1973），而因果模糊性是这一现象的关键。由于因果模糊性，模仿者往往不清楚如何实施与成功企业类似的竞争战略。而且，如果要成为竞争优势的来源，需要那些拥有特定资源的企业和那些没有相应资源但寻求模仿的企业，都面临同样水平的因果模糊性限制（Lippman & Rumelt，1982）。如果拥有某种特定资源的企业比那些不具备相应资源的企业对资源与竞争优势的关系了解得更多，那么知识扩散效应（Fagerberg et al.，2006）将使得那些暂时没有资源的企业减少对资源认识上的劣势，当这类特定资源与竞争优势的关系被众多企业所了解时，这种因果模糊性就不存在了，这类资源也有可能被模仿（Barney & Clark，2007）。事实上，由于企业资源与竞争优势之间客观上存在的复杂关系，具有竞争优势的企业也确实有可能不完全了解其竞争优势的真实来源。企业所拥有的资源非常复杂，且各类资源之间存在相互关联，这些资源之间的关系以及它们竞争优势间的关系往往是隐性的，非常难以明晰地表达（Polanyi，1962；Nelson & Winter，1982）。而且，企业管理者们对于企业资源和竞争优势之间的关系存在无数难以严谨验证的猜想，这使得弄清各种关联的真实情况变得异常困难（Barney & Clark，2007），只要对持续竞争优势的来源存在无数说法，企业所拥有资源与持续竞争优势间的关系在某种程度上就是不清晰的，因而就存在着因果模糊性。

最后，社会复杂性是引起企业资源不可完全模仿的第三个因素。一些企业资源可能源于复杂的社会现象，而超出了企业本身的范围。如果竞争优势基于这种复杂的社会因素，那么其他企业模仿这些资源的能力将受到限制（Barney & Clark，2007）。在商业实践中，大量企业表现出很强的社会复杂性，例如企业管理中的人际关系（Hambrick，1987）、企业文化（Barney，1986b）、在供应商和客户中的声誉（Klein et al.，1978；Klein & Lefler，1981）等。对于具有社会复杂性的资源，即使不具有因果模糊性，能够清晰地知道某类资源可以显著提高企业绩效，也不意味着其他企业能够获取这类资源（Barney，1986b；Dierickx & Cool，1989）。由于这类社会复杂性资源难以直接管理，因此它们不可能被完全模仿（Barney & Clark，2007）。

（4）资源必须被良好地组织（organization），只有将有价值、稀缺且不可能完全模仿的资源良好地组织利用，才能够将这些资源变为企业持续竞争优势的来源，因此，良好的组织是企业实现竞争优势的第四个必要条件。Barney（1991）认为，大量组织要素决定着企业全面开发资源以获取竞争优势的能力，这包括企业的正式报告结构、明确的管理控制体系和企业薪酬制度。这些要素自身创造竞争优势的能力有限，但是，它们与其他资源和能力结合后，能够帮助企业实现竞争优势。同时，Barney 和 Clark（2007）通过对机械行业中的卡特彼勒公司、零售业中的沃尔玛公司和信息行业的施乐公司这三个案例的分析，说明了企业的良好组织对于实现竞争优势的重要作用。

2. VRIO 框架

在资源的异质性和非流动性前提下，从价值、稀缺性、不可模仿性以及组织这四个方面总结了企业资源特性和竞争优势之间的关系，图 2 - 1 展示了这些概念间的逻辑关系（Barney，2001；Barney & Clark，2007）。这种关系已经发展成为一个用来分析企业资源和持续竞争优势之间的框架（VRIO 框架），该框架明确了企业竞争优势存在的前提条件，也给出了分析特定资源是否能够成为企业竞争优势的一种实证思路。

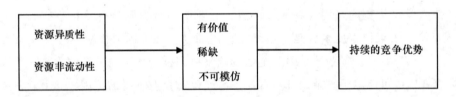

图 2 - 1　资源异质性与持续竞争优势的关系

资料来源：Barney, J. B., Clark, D. N., 2007, *Resource-Based Theory：Creating and Sustaining Competitive Advantage*, Oxford：Oxford University Press。

VRIO 框架从资源基础角度从四个方面分析了企业资源特性和竞争优势之间的关系（Barney & Clark，2007）：①价值（value）问题：企业的资源和能力能否帮助企业应对环境中的机会或者威胁？②稀缺性（rarity）问题：企业资源被为数不多的竞争者控制吗？③可模仿性（imitability）问题：缺乏资源的企业在获取或开发此资源时面临成本劣势吗？④组织（organization）问题：企业的其他程序、规章、政策是围绕开发其有价值的、稀缺的、难以模仿的资源来进行组织的吗？把价值、稀缺性、可模仿性和组织四个问题集合起来，就形成了一个有助于我们开发企业资源、能力与盈利潜力间关系的分析框架。表 2 - 1 对此进行了概括。

表 2 - 1　　　　　　　　　　企业资源与竞争优势的分析框架

某种资源或能力				
是否有价值	是否稀缺	是否模仿成本高	是否被组织利用	对竞争力的影响
否	—	—	否 ↑↓ 是	竞争劣势
是	否	—		竞争均势
是	是	否		暂时的竞争优势
是	是	是		持续的竞争优势

资料来源：Barney, J. B., Clark, D. N., 2007, *Resource-Based Theory: Creating and Sustaining Competitive Advantage*, Oxford：Oxford University Press。

根据 Barney（Barney & Clark, 2007）的分析，首先，如果企业所拥有的某种资源或能力不是有价值的，那么这种资源不会提升企业的竞争力，开发和利用这种资源只会增加企业的成本或降低收入，因此这种资源便成为企业的弱点，利用这种资源将会使企业处于竞争劣势。其次，如果某种资源有价值但非稀缺的，那么使用这种资源不会给企业带来优势，但是没能利用这种资源则会使企业承担额外的机会成本（Mankiw, 2011），这会使企业处于劣势地位，因此，通过实施战略开发和利用这种有价值但非稀缺的资源将会给企业带来竞争均势。再次，如果某种资源有价值且稀缺，但不是难以模仿的，那么利用这种资源的企业会获得暂时的竞争优势，但是，当竞争对手识别出这种竞争优势后，它们就可以通过复制或模仿的方式，在不需要承受高额成本的情况逐渐获得这种特定的资源，最终使得暂时的竞争优势不复存在。不过，在获得暂时竞争优势和这个优势被最终抵消的这段时间内，拥有竞争优势的企业依然可以收获这种特定资源带来的经济租金。最后，如果某种资源是有价值的、稀缺的、难以模仿的，那么开发和利用这类资源会使企业获得持续的竞争优势。总之，基于 VRIO 框架，在分析什么样的资源能够为企业带来竞争优势时，应该思考这类问题：这种资源是有价值的吗？是稀缺的吗？是不可能完全模仿的吗？企业是否为利用这种资源而被良好地组织？VRIO 框架可以用来分析各种不同资源对竞争优势的作用，提供一种以企业资源为基本分析单元的研究竞争优势的研究思路（Bogner & Bansal, 2007；Hendricks & Singhal, 2008；Helfat & Peteraf, 2009；Hess & Rothaermel, 2011；Patel & Terjesen, 2012）。

三　理论启示

通过对竞争优势和资源基础理论相关研究的回顾，可以得出以下两点理论启示：第一，企业实施各种经营战略，其根本目的是获取竞争优势，而创新也可以看作是企业为获取竞争优势而采取的一种战略，因此，战略管理理论的研究成果能够为研究企业创新提供分析思路；第二，资源基础理论在战略管理研究中占有重要的学术地位，该理论以企业自身资源为基本的研究单元，建立了企业的异质性资源与竞争优势之间的逻辑关系，这表明，通过对企业资源的特性进行分析，从企业资源的角度研究企业创新的影响因素，在理论上具备一定的可行性。

第二节　创新动力机制研究

对创新动力机制的研究关注创新是如何产生的，哪些因素与创新有关，这些因素之间的关系是什么，它们之间的相互作用如何引起创新（Nelson & Winter，1982；Kline & Rosenberg，1986；Dosi et al.，1988；Malerba & Orsenigo，1996；Mowery & Rosenberg，1998；Fagerberg，2002）。通过对创新动力机制相关研究的结论进行回顾，能够为深入分析企业创新行为提供有价值的理论启示（Jaw et al.，2006；Bogner & Bansal，2007；Hendricks & Singhal，2008；Liao & Rice，2010；Kim & Huarng，2011；Bogliacini et al.，2012）。

一　熊彼特关于创新动力机制的研究

熊彼特是创新理论研究的先驱，他第一个明确地提出了经济学意义上的创新概念，对创新的一系列重要问题进行了探讨（Schumpeter，1934，1939，1942；Fagerberg et al.，2006）。首先，熊彼特从经济学视角提出了创新的概念，他认为静态地观察经济活动中给定资源分配的研究方式是不全面的，因为经济发展中存在着质变的过程，经济发展在某些时期会由于创新的推动而产生质变。这些创新包括新产品、新的生产工艺、新的原料供应、新的市场和新的企业管理方式，熊彼特将创新定义为生产要素的新组合。其次，熊彼特在研究创新的早期认为"企业家职能"（Schumpeter，1934）在创新过程中发挥着重要作用，社会各阶层都普遍存在一种惯性

（即对新方法的抵制），而企业家则会为实现自身目标而奋斗，因此他主要关注企业家个体对于创新的影响。后来，熊彼特逐渐认识到大型企业对于创新的重要作用，并暗示垄断利润能够促进企业的创新。另外，熊彼特还研究了创新的扩散，他强调创新在一定时期或行业中的集群趋势和这种趋势在世界经济范围内促成经济周期形成所可能发挥的作用（Schumpeter，1942）。熊彼特对创新的理论工作为后续深入分析企业创新提供了富有学术价值的启示，很多思想观点影响着创新动力机制领域的研究（Rosenberg，1976；Nelson & Winter，1982；Nelson，1983；Pavitt，1984；Kline & Rosenberg，1986；Freeman，1987；Dosi，1988；Cohen & Levinthal，1990；Malerba & Orsenigo，1997；Ancori et al.，2000；Fagerberg & Verspagen，2002；Jaw et al.，2006；Bogner & Bansal，2007；Kim & Huarng，2011；Bogliacini et al.，2012）。

　　虽然，熊彼特在《经济发展理论》和《资本主义、社会主义和民主》两书中均对企业的创新动力进行了分析，但他并没有明确地给出一个创新动力模型。后来的学者基于熊彼特的思想观点，通过进一步研究提出了企业家创新模型（也被称为熊彼特 I 模型），图 2-1 给出了该模型的框架（冯晓莉，2005）。虽然这个模型是一个具有多个连续阶段的线性模型，但是其中存在着从成功的创新到加强研究开发活动的正向反馈，该模型建立了"来自创新的利润""企业家活动"和"创新投资"之间的逻辑关系。在熊彼特 I 模型中，技术被看作是经济系统的一个外生变量，企业家的经营活动主要是对新技术进行投资。但是，现实情况中的大量案例表明，企业本身也会通过研发得到一些新技术和新发明，许多企业内部的研发机构承担着开发新技术的职责（诺兰等，2007；韩宇，2009），为企业提供了创新投资的对象。因此，将技术和发明置于分析框架之外，一定程度上违背了现实情况，是熊彼特企业家创新模型的一个主要缺陷（冯晓莉，2005）。

　　1942 年，熊彼特在《资本主义、社会主义和民主》一书中进一步研究了创新对于资本主义经济的重要作用，他认为大企业在资本主义的经济发展和创新过程中发挥着关键作用。根据熊彼特的见解，经济学家菲利普斯在其 1971 年所著的《技术与市场结构》中总结出了熊彼特的大企业创新模型，即熊彼特 II 模型（冯晓莉，2005）。在这个模型中，大企业在创新中的关键作用得到强调，并提出研究开发活动主要由企业内部的研发机构承担的观点。熊彼特Ⅱ模型的主要观点有：①创新来自企业内部的研发部门；②成功的创新能够使企业获取超额利润，企业将因此而发展壮大，并可能形成暂时的垄断；③大量模仿者的出现将削弱垄断者的地位，最终使行业内的企业获取平均利润，而整个行业将因此得到发展；④外生的科学和技术一直与内生的科学和技术相伴而生，两者相互影响（Rogers，1995；Fagerberg & Verspagen，2002；冯晓莉，2005）。熊彼特Ⅱ模型反映了20世纪众多大型企业不断利用内部和外部的技术进行创新的显著趋势，弗里曼（Freeman，1982）对于这种趋势进行了更为详细的研究，从而系统化地概括出熊彼特Ⅱ模型的基本框架，图2－2展示了这个框架的基本内容。

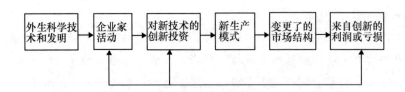

图2－2　熊彼特企业家创新模型，即熊彼特Ⅰ模型

资料来源：冯晓莉：《我国企业技术创新动力机制研究》，博士学位论文，西北大学，2005年。

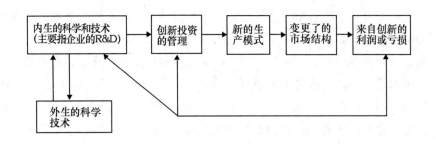

图2－3　熊彼特大企业创新模型，即熊彼特Ⅱ模型

资料来源：冯晓莉：《我国企业技术创新动力机制研究》，博士学位论文，西北大学，2005年。

熊彼特的企业家创新模型（熊彼特Ⅰ模型）和大企业创新模型（熊彼特Ⅱ模型）的主要区别在于，后者的分析框架中包含了大企业进行的研发活动，认为成功的企业创新和增加的研发支出这两者之间存在一个正向反馈——技术创新的成功会刺激企业增加研发投入，而研发投入会带来更大的创新成功，从而促进企业的发展，这样的循环使得创新活动越来越处于大企业的控制之下并且强化了它们的竞争地位。根据熊彼特Ⅱ模型的观点，科学技术、创新投资和市场地位这三者将紧密关联在一起。虽然，基于熊彼特思想的这两种模型关于企业研发的看法存在差异，但是它们之间也有着共同点，即它们都强调技术是驱动创新的关键因素，也正是在这个角度上，后来的学者将这两个模型统称为创新的"技术推动模型"（technology-push model）（Rothwell & Zegveld，1981；Coombs et al.，1987）。而且，从图2-2和图2-3中可以看出，这两个模型存在着明显的线性关系，即在模型中一个变量单方向地作用于另一个变量，这与后来出现的非线性模型（Rosenberg，1982）具有明显的区别。第二次世界大战后，资本主义经济在先进科技成果的推动下获得了高速增长（Maddison，1991），创新的技术推动模型符合了这种发展现实，因此，从20世纪50年代起，到60年代下半期，创新的技术推动理论在西方学术界一直处于主导地位（冯晓莉，2005）。

二 新熊彼特主义关于创新动力机制的研究

基于熊彼特的理论思想，以美国经济学家施穆克勒、罗森伯格和英国经济学家弗里曼为代表的一些创新理论学者，开始更为系统和深入地研究技术进步与经济结合的方式、机制及影响因素等问题，由于这些学者的研究基本上是围绕熊彼特的创新理论而展开的，因而他们的一些理论观点被称为"新熊彼特主义"（冯晓莉，2005；Fagerberg et al.，2006）。新熊彼特主义的学者对企业创新的动力机制研究分为两个方向，第一个方向是分析促使企业创新的关键因素，即企业创新的驱动力量（Coombs et al.，1987；Dosi et al.，1988；Mowery & Rosenberg，1998），第二个方向是研究各种促使创新的因素之间的作用机制，即这些因素间如何相互作用而引起了创新（Kline & Rosenberg，1986；Castellacci，2008）。对于第一个方向，除基于熊彼特思想提出的"技术推动模式"之外，学者们还提出了另外4种创新模式：技术推动模式，需求拉动模式（施穆克勒，1966）、综合作用模式（Mowery & Rosenberg，1982）、技术规范—技术轨道范式模式（Dosi，1982）和"社会需要—资源"关系模式（斋藤优，1984）。另外，对于第二个研究方向，学者们概括了创新的线性模型和非线性模型（Rothwell & Zegveld，1981；Caraca et al.，2009）。这些理论成果丰富了对于创新动力机制的认识，对本书构建一个用于研究企业创新行为的框架提供了重要启示。本节对这两个研究方向的相关结论进行回顾和梳理。

（一）创新的"需求拉动"模式

由于受到熊彼特创新模式（熊彼特Ⅰ型和熊彼特Ⅱ型）的影响，20世纪60年代以前，大多数学者认为技术因素推动的线性模型能够很好地解释企业创新的动力机制（Coombs et al.，1987），然而，美国经济学家施穆克勒（Schmookler）在其著作 *Invention and Economic Growth*（Schmookler，1966）中对这一观点提出了质疑，他通过对美国1840年到1950年的四个主要资本品部门（铁路、石油、造纸、农业）和部分消费品生产部门的专利数与投资规模的相关数据进行了统计分析，结果表明，专利数和投资额在时间序列上表现出了显著的同步性，而且投资序列的变化一般领先于专利序列的相应变化。施穆克勒（Schmookler，1966）指出，"当将资本品投资的时间序列与那些和资本品相关发明的数量相比较时，两者的长期趋势和波动都表现出显著的相似性，而其中的差异则表现在资本品销售额中的周期或波动的转折点，一般早于发明数量的变动"。根据这个发现，施穆克勒认为，创新与其他经济活动一样，本质上是一种追求利润的行为，它受市场需求的引导和制约。据此，他提出了一个新的观点，即市场需求是发明活动在速度和方向两个维度上的主要决定因素，而并非技术因素主导了创新的实现。这一观点可以简单地概括为"需求促进发明"理论，图2-4展示了施穆克勒这一理论的逻辑关系。

基于施穆克勒的理论，其他学者通过研究也提出了类似的观点："与创新的成功更加紧密地联系在一起的是那些对未来市场的分析，以及对未来用户和政治目标的了解，而不是那些科学发明或'闪光的想法'。"（孙冰，2003）另外，还有一些学者通过调查数据来验证创新的需求推动理论。例如，美国麻省理工学院教授迈尔和马奎斯（Myers & Marquis，1969）在1969年研究了五个产业中的567个创新项目，发现75%的技术创新基于市场需求，而20%的技术创新源自技术的发展，由此得出结论，市场需求是比技术更为重要的创新驱动力量（孙冰，2003）。

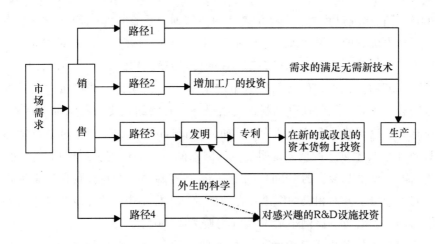

图 2 - 4　施穆克勒的"需求促进发明"理论

资料来源：冯晓莉：《我国企业技术创新动力机制研究》，博士学位论文，西北大学，2005 年。

根据这种强调市场需求作为驱动创新关键因素的思想，学者们总结出了"创新的需求拉动模型"，该模型认为市场需求信息是技术创新活动的出发点，这种信息对产品性能提出了明确的要求，企业需要以创新为手段，创造出能够适合这种需求的产品，从而满足市场需求，提升企业的经济绩效（Von Hippel，1988）。图 2 - 5 展示了需求拉动模型的基本框架。

图 2 - 5　创新的需求拉动模型

资料来源：冯晓莉：《我国企业技术创新动力机制研究》，博士学位论文，西北大学，2005 年。

（二）创新新动力的综合作用模式

通过对创新的"技术推动"模型和"需求拉动"模型进行比较，可以看出这两种理论模型分别强调了技术和需求对于企业创新的决定作用，这引起了理论界的热烈讨论，并促使学者们进行更深入的研究（冯晓莉，

2005）。在研究过程中，一些学者认为能够通过大样本量的调查分析发现创新动力机制的一般性规律（Sherwin & Isenson，1967；Myers & Marquis，1969；Langrish et al.，1972；Hayvaert，1973；Utterback，1975；Rothwell，1977），因此，学者们先后组织了多个研究项目，试图通过大样本方法进一步研究创新动力机制，其结果是，有的结论支持技术推动理论，而有的结论支持需求拉动理论。例如，Langrish 等（1972）通过对英国的84 项工业技术创新的调查说明了市场需求的在创新中的关键作用。然而，美国国家科学基金会的 Gibbons 和 Gummeti 在对 341 个重大科研成果进行研究后给出了截然相反的结论：在他们的分析样本中，真正反映了市场需求的创新成果所占比例小于30%（冯晓莉，2005）。

创新的技术推动理论和需求拉动理论的争论一直持续到 20 世纪 80年代（孙冰，2003）。美国斯坦福大学的莫厄里和罗森堡的研究（Mowery & Rosenberg，1998），说明创新是一个非常复杂的过程，不可能由单一因素决定，而且，在通常情况下，成功的技术创新依赖技术推动和需求拉动的相互结合（冯晓莉，2005）。莫厄里和罗森堡在论文《市场需求对创新的影响》中指出，"需求的作用被过分夸大了……实际上，科学技术知识基础和市场需求的结构，以一种相互作用的方式，在创新过程中起着同样重要的作用，忽视任何一方面都必定导致错误的结论和政策"（孙冰，2003）。同时，罗森堡还认为，发明活动由需求和技术共同决定，需求决定了创新的报酬，技术决定了成功的可能性及成本（冯晓莉，2005）。基于以上观点，弗里曼、莫厄里和罗森堡等提出了企业创新的"综合作用模型"（孙冰，2003），图 2 - 6 给出了该模型的基本框架。

综合作用模型强调技术与市场需求相结合对企业创新的产生的作用，

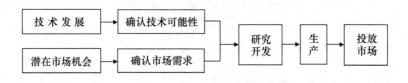

图 2 - 6　创新的综合作用模型

资料来源：孙冰：《企业技术创新动力研究》，博士学位论文，哈尔滨工程大学，2003 年。

有学者认为，这一理论更准确地反映了创新的真实过程（王海燕，2011）。加拿大学者摩罗（Mumro）和诺雷（Noori）对加拿大的900多个企业的创新活动进行了研究，结果表明技术推动的创新占18%，需求拉动的创新占26%，技术推动与需求拉动两者综合作用的创新占56%（孙冰，2003）。有学者指出（Coombs et al.，1987；Fagerberg et al.，2006），创新的综合作用通常是在市场需求的刺激下，企业对现有技术的一种"新应用"或者多种技术的"新组合"，这种综合作用下的创新往往带来全新的产品，能够激活市场的潜在需求，而且这种产品通常具有较长的生命周期，能够为企业赢得竞争优势，因此，创新的综合作用模型在企业创新动力机制的研究中占有了重要的理论地位。

（三）创新动力机制的"技术轨道"理论

纳尔逊和温特（Nelson & Winter，1977）从技术进步的角度出发，提出了产业技术的演进将沿着一条确定的轨迹进行，这条轨迹被他们定义为"自然轨道"（natural trajectory），并根据这一概念描述了产业技术发展的某些规律。

受到了库恩（Kuhn，1962）关于"科学范式"概念的启发，多西（Dosi，1982）首次提出了"技术范式"（technological paradigm）的概念，指出技术范式是企业选择技术用以创新的一种模型（model）或模式（pattern），该范式决定了研发所处的领域、需要解决的问题、研发的程序和具体任务。多西认为，新旧技术的替代，与科学范式的更替类似，受到新旧技术范式变更的影响，随着新技术范式的发展和确立，旧的技术范式将会被逐渐削弱。多西（Dosi，1982）基于技术范式的概念，提出了"技术轨道"（technological trajectory）理论，该理论认为技术范式决定着技术变化所引起的技术演进路径，也决定着在技术演进过程中可能的技术发展方向，而且，技术范式也决定了技术轨道的外部边界（熊鸿儒等，2012）。

随后，Dosi（1988）进一步指出，技术变化过程是由所技术范式决定的、沿着技术轨道方向发展的一种选择性的演化过程。"技术轨道"理论提出后，学者们对该理论进行了进一步研究。Dierickx和Cool（1989）将技术轨道定义为技术演化轨迹中涉及的一系列存在路径依赖的经验组合。Teece（2008）也对技术范式技术轨道的概念进行了评述，进一步明确了技术轨道理论在分析创新动力机制中的学术地位。值得一提的是，鉴于技术轨道理论在产业演化中的理论价值和中国处于技术追赶的发展现实（张永伟，2011），我国学者也对技术轨道理论做出了大量研究（柳卸林，1997；郑雨，2006；姜红，2011；熊鸿儒等，2012），丰富了该理论在创新动力机制研究中的学术成果。

经过对技术轨道理论的系统分析，学者们总结出影响技术轨道的三大类关键因素：①科学技术因素；②经济因素（如市场需求等）；③制度环境因素（熊鸿儒等，2012）。首先，科学的突破性进展和技术的大量积累构成技术轨道形成的基础，雄厚的科学基础能够支撑技术的快速发展，而薄弱的科学基础往往引起技术发展的滞后（Nelson，2008），Dosi 等（1998）也强调科学的进步，尤其是突破性进展对于技术轨道的形成具有引导性和外生性推动作用。另外，在强调科学发展的同时，技术轨道理论也没有忽视技术积累在技术轨道形成中的决定因素，同时也认为技术体制对于技术轨道的形成具有显著影响（Nelson & Winter，1977；Malerba & Orsenigo，1993）。其次，经济因素也影响着技术轨道的形成。具体的经济因素较多，Dosi（1988）指出包括市场需求、价格、生产成本等的诸多因素，都会对技术轨道的演化的产生较大的影响，而 Tripsas（2008）通过对打字机技术在近100年发展中所形成的4条技术轨道（热金属技术、模拟成像技术、数字成像技术和激光技术）的详细分析，得出客户需求是决定打字机行业中技术轨道的关键因素，这一结论也印证了经济因素对于技术轨道形成的重要作用。最后，有学者指出，技术轨道的演化也受到制度环境的影响（Dosi，1982；吴敬琏，2002），制度环境的动态变化也影响着技术创新的发展轨迹（Nelson & Winter，1982；Dijk & Yarime，2010）。

对技术轨道理论的文献回顾中，可以发现，该理论通过对产业技术演化规律的分析以一个新的角度研究了创新的动力机制，人文技术变化会按照一定的技术轨道发展。通过对技术轨道的决定因素进行研究，就可能够获得创新过程和创新动力机制的理论发现。从这个角度，基于技术轨道理论，学者们基本认可了创新是一个涉及技术、市场和制度环境等多方面因素的复杂过程（Fagerberg et al.，2006），这些理论结论比创新的综合作用模型更准确地揭示了创新的本质（Tripsas，2008；Castellacci，2008；Caraca et al.，2009；Bogliacini et al.，2012）。

（四）创新动力机制的"社会需要—资源"关系模型

日本学者斋藤优在 1984 年提出了创新动力机制的"社会需要—资源"关系模型，他认为技术创新的动力源自社会需求（need）和社会资源（resource）之间的矛盾关系，这一理论从社会学角度提出了对创新动力机制的新看法。冯晓莉（2005）对斋藤优的"社会需要—资源"关系模型进行了较为系统的评述，在她看来，斋藤优的理论认为在社会发展过程中会提出对于某种技术或产品的需求，而当前的社会资源不能完全满足这种需求时，就出现了需求与资源之间的缺口，造成了"N-R瓶颈"现象。这种由资源和需求的缺口所形成的"N-R瓶颈"将显著促进技术创新的进行。可见，"社会需要—资源"关系模型将需求和资源之间的缺口视为技术创新的关键因素，创新型企业从需求中发现创新的目标，捕捉创新的机会，制定创新的战略，然后详细分析当前的技术水平和市场需求，并筹集创新所必需的其他资源，通过实施创新战略逐渐弥补需求和资源之间的缺口，最终使社会需求得到满足。

三 创新过程中各因素相互关系的研究

新熊彼特主义学者们在创新动力机制方面的研究，丰富了对促进企业创新因素的认识，使技术因素之外的其他变量也被纳入分析体系（Free-man & Soete，1997；Caraca et al.，2009），而且对于创新过程的分析更加具体，也更贴近商业实践和社会发展（诺兰等，2007）。然而，这些模型一般只分析哪些因素促进了创新的产生，并未细致研究这些因素之间的相互作用机制，尤其缺少动态过程的描述。针对这一问题，学者们先后提出了创新的"线性模型"（linear model）和非线性模型（non-linear model）用以解释创新动力因素之间的相互作用关系（Kline & Rosenberg，1986；Coombs et al.，1987）。

（一）创新过程的"线性模型"

创新过程的"线性模型"认为创新是一个从科学基础研究到技术研发，再到产品生产和市场营销的一个次序分明的过程（Rothwell & Zegveld，1981），图 2-7 展示了这一模型的基本框架。最早提出这类观点的并非经济学家，而是一些科学家，他们的科研实践和科学技术对经济增长的巨大推动作用启发了这种线性模型的提出（Coombs et al.，1987）。第二次世界大战后，美国在先进科技的帮助下显示出巨大的国家实力，在这个背景下，美国著名工程师、科学家管理专家布什（Bush，1945）发表了有影响深远的报告 Science：The Endless Frontier，强调了科研工作对于创新和经济增长的重要性。基于线性模型的理论，科学研究是技术创新的起点，那么，自然需要增加科研经费以促进创新的实现，这种理论逻辑得到了广大科学家的支持（Coombs et al.，1987）。虽然经济学家很早就认识到科学研究对于经济增长的重要作用，但是，直到20世纪50年代，他们才系统地论述政府应当支持科学研究的观点，他们认为基础科学的研究成果具有公共品属性（Fagerberg et al.，2006），当基础科学取得成功后，便可以产生应用技术，从而提高产品性能促进经济发展（Caraca et al.，2009）。显然，这种观点的重要理论基础就是创新的"线性模型"，这表明，创新的线性模型在学术研究和政策制定中曾占据着重要位置。

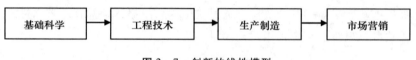

图 2-7　创新的线性模型

（二）创新过程的"链接模型"

随着对创新动力机制的深入研究，创新过程的线性观点逐渐受到了理论分析和实证研究的质疑（Rosenberg，1982），正如克莱因和卢森堡（Kline & Rosenberg，1986）所说的，"创新的过程既不是平滑的，也不是线性的，甚至创新行为没有很好的规则。"他们通过对创新过程更为现实的分析，提出了"链接模型"，该模型将需求因素加入分析体系，认为创新的过程从本质上说是利用已有的或者新发现的知识来满足特定需求的行为。基于这种更加符合实际的认识，创新的链接模型认为创新过程具有高度的不确定性，在这个充满不确定性的过程中，需求和技术两类因素交织在一起，一方面，新技术的出现能够为需求得到满足创造条件，另一方面，市场需求也刺激着新知识的出现，两者相互反馈，逐渐调整，最终才可能促成创新的实现，因此，创新并非一个单向的线性过程，而是存在大量反馈作用的循环往复过程中（Kline & Rosenberg，1986），图 2-8 展示了"链接模型"的基本框架。

创新的链接模型由于较为细致地分析了创新的具体环节，将技术和需求同时放入分析体系，论证了创新过程中各个环节相互反馈的循环机制，丰富了对于创新机制研究的理论内容，受到了学术界广泛认可（傅家骥等，2003）。链接模型中关于创新环节的相互反馈作用说明了创新本身的复杂性，大量隐性知识（Nonaka & Takeuchi，1995）蕴含其中这也从一个方面解释了创新很难被复制的原因（Laursen & Salter，2006；Bogner & Bansal，2007；Patel & Terjesen，2012）。

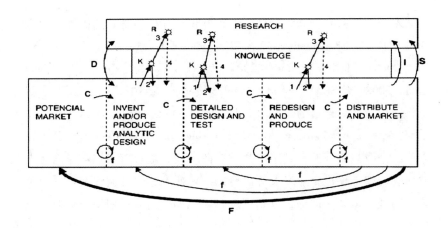

图 2 - 8　创新机制的"链接模型"

资料来源：Caraca, J., Lundvall, B. A., Mendon, S., 2009, "The Changing Role of Science in the Innovation Process：From Queen to Cinderella?", *Technological Forecasting & Social Change*, 76：861 - 867。

注：①箭头符号的含义：C = 创新过程的中心环节（中轴线）；f = 信息反馈循环；F = 关键反馈。②相互作用过程的含义：K-R：通过知识建立的研发和商业回报间的路径，当创新需要的知识已经具备时，利用这些知识解决问题，若所需要的知识不具备，则通过研发获取相应的知识；D：发明或分析设计与研究间的直接相互反馈；I：由机器、工具和其他技术过程为研究提供的支持；S：通过研究其他产品的技术特点所受到启发，以促进研究工作。

四　理论启示

通过对创新动力机制研究的相关结论进行综述，可以得出以下两点理论启示：第一，创新是一个比较复杂的过程，其中涉及很多影响因素，而在这些因素中，技术和需求是两个具有关键性意义的方面，另外，对于企业创新来说，市场竞争环境也是一个不可忽视的重要方面；第二，创新很可能并不是一个简单的线性过程，而是存在很多相互反馈环节的非线性过程，在这个过程中需要对技术、需求等各类信息进行整合与处理，还需要对各个存在密切关联的环节进行有效的协调，这表明，由于创新的复杂性很高，其中涉及众多因素及其相互间的复杂关系，因此，通过较低的成本对创新进行复制是几乎不可能的。

第三节　知识管理理论及其对知识特性的研究

技术经济学家和创新理论的学者把知识看作经济增长和提高企业竞争力的关键因素（Krugman，1979；Romer，1990；Metcalfe，1998；Ancori et al.，2000；Alavi & Leidner，2001；Cowan，et al.，2000；Hendricks & Singhal，2008；INSEAD，2011；Patel & Terjesen，2012），并认为创新是一个将知识转化为价值的过程（Nelson & Winter，1982；Nonaka & Takeuchi，1995；Alavi & Leidner，2001；Fagerberg et al.，2006）。知识作为一种重要的企业战略资源得到了越来越多的关注，通过对知识本身的特点及其如何利用知识促进企业发展等问题的系统研究，学者们逐渐发展出了一个完整的理论体系，即知识管理理论，研究如何高效利用知识资源，以获取更强的竞争优势（Faucher et al.，2008；Ahmed & Omar，2011）。本节从三个方面对知识管理理论进行评述：①概括知识管理理论的基本思想；②总结知识的定义和特点；③归纳关于知识获取的研究结论。这三个方面概括了知识管理理论中的一些重要研究结论，为本书从企业资源的角度分析创新影响因素提供了有价值的理论启示。

一　知识管理理论概述

在当前激烈的全球化竞争中，知识成为提升竞争能力的关键要素（Romer，1990；Zahra & George，2002；Hsu et al.，2013），对企业发展起着关键性作用（Wong & Aspinwall，2005；Hughes et al.，2010；Kim & Huarng，2011；Patel & Terjesen，2012）。有学者指出，知识是企业最重要的战略资源（Grant，1996），企业的知识存量和应用知识能力成为决定经济绩效的主要因素，因此，企业的竞争优势源自知识的创造、存储、整合和应用（Kogut & Zander，1992）。由于认识到知识对于企业的重要意义，学者们将知识因素纳入企业管理理论的分析框架，对知识和企业发展之间的关系问题提出了一系列新的观点，如 Demsetz（1988）从知识的角度论述了企业的边界；Kogut 和 Zander（1992）将企业看作一种处理知识的组织结构；Nonaka 等（1995）提出了企业的知识创造理论；Grant（1996）提出知识是企业最重要的战略资源的观点。随后，一些学者更为具体地分析了知识对于企业实施某项竞争战略的作用，研究结果从多个方面表明了知识对于企业发展的重要作用，如企业并购（Barkema & Vermeulen，1998）、新产品研发（Hughes et al.，2010）、合作创新（Cooke，2001；Gulbrandsen & Nerdrum，2009）等。

基于知识对企业具有重要意义的共识，理论研究者和商业实践者都提出了关于如何管理、利用企业知识资源的问题，针对这种问题，学者们对"知识管理"进行了系统的研究。Darroch（2002）认为知识管理是一种实现知识充分利用的功能，其根本目的是使企业获得长期的竞争优势。美国生产力与质量中心（American Productivity and Quality Center，APQC）把知识管理定义为一种对知识进行"识别、获取和应用"的策略与过程（陈羽，2012）。邱均平（2006）认为，狭义的知识管理应包括知识的"创造、获取、加工、储存、传播与应用"等过程的管理。Boisot 和 Cox（1999）把知识管理看作知识资本在组织体系中扩散和演化的过程，包括"知识编码、知识抽象、知识扩散"等环节。芮明杰等（2004）在分析高技术企业创新行为时，将知识创新过程细分为"知识获得、知识选择、知识融合、知识创造、知识扩散和知识共享"6个阶段。一般来说，学者们基本认同知识管理是一个由多种知识活动环节构成的高度复杂动态过程（陈羽，2012）。基于对知识管理过程复杂性的清醒认识，Nonaka 等（1995）从知识间相互转化的视角对知识管理进行研究，提出了颇具影响力的 SECI 模型，该模型认为知识管理的本质是一种显性知识和隐性知识相互作用而引起的螺旋式上升过程，在这个过程中存在 4 种基本的知识转换过程：①知识的社会化（socialization），即个人或团队通过自身经历获得隐性知识的过程，例如师傅通过大量示范动作传授徒弟某项技艺，这一环节实现了从隐性知识到显性知识的转换；②知识的外部化（externalization），即将隐性知识通过隐喻等方式（如讲述故事），转变为一种能够清晰表达或易于理解的显性知识的过程；③知识的组合（combination），即把不同个体所拥有的显性知识进行整合，例如通过数据库或专家系统等技术手段，使其转化成更为系统化的新显性知识的过程；④知识内部化（internalization），通过学习、培训或详细交流等方式，把显性知识转换为隐性知识的过程。

　　通过对知识管理理论相关文献的回顾，可以发现，知识对于企业竞争力的提升具有重要意义，而知识管理是一个高度复杂的动态过程，其中涉及多个与知识相关的环节，因此，对知识自身特性的分析将有助于深入研究知识管理过程（Gold et al.，2001；Grant，2007；Garcia-Perez & Ayres，2010），而这些关于知识特性的文献也为本书构建概念框架提供了重要的启示。

二　知识的定义及其特性分类

　　辞典中对于知识所下的定义包括以下几个方面：①通过人类头脑和感官所直接获得的对现实的领会；②通过经验或交流而获得的对事物的了解；③通过学习和研究等方式对特定目标对象所达到的理解（陈羽，2012）。从语义学上讲，"知识"是一个被广泛使用的概念，在不同的上下文环境中有不同的含义，而且从不同的角度去分析，也往往会有不同的理解（Grant，2007）。经济学和管理学方面的学者倾向于把知识看作一种资本，而不同的管理文献对于知识有着不同的定义。一些学者从信息的角度定义，例如，Drucker（1993）认为知识是能够改变人或事物的信息，包括使信息成为行动的基础方式，以及通过运用信息使个体或机构增强能力和行为的有效性（童亮，2006）。而另一些学者则从信息和知识概念的区别与联系角度出发来定义知识，认为对信息的应用一般只需要通过经验与学习就可以得到了解和察觉，而在此基础上对信息进行分析、归纳而形成的规律性认识才是真正的知识。例如，Zack（1999）认为知识构成了信息和行动之间有意义的联结，可以通过语言、图片、表格等方式来进行传递；Boist 和 Cox（1999）认为知识建立在从数据中提取的信息的基础上。Davenport 和 Prusak（1998）认为，知识是一种具有流动性的物质，集合了结构化的背景信息、经验与价值观以及专家见解。类似的，南旭光（2010）认为，知识是一种有价值的智能结晶，可以通过多种不同的方式呈现，既包括信息、经验心得、抽象的观念，也包括标准的作业程序、系统化的文件以及具体的技术等。对于知识的分类，主要是基于对知识特性的研究展开。罗素将知识划分为直接的经验、间接的经验以及内省的经验三类（陈羽，2012）。在知识管理理论中，还有一种从三个层次对知识进行比较定义的方式被广泛接受，这三个层次依次是：数据、信息和知识。这种定义通过将数据、信息和知识的内容进行比较，并说明它们三者的关

系，来表达"知识"的具体含义。根据该定义，"数据"是一种对于初级
的（没有经过加工处理的）事实（raw facts）的反映，而将数据进行处理
后（如分类、概括）便得到"信息"，最后，将一些经验、判断与"信
息"结合起来，并用于决策，就得到了"知识"。这种分类定义简单明
了，被大量学者接受，但是，也有一些观点对此提出质疑，主要是因为在
这个定义中，"信息"和"知识"的界定在有些情况下会比较模糊
（Allee，1997；Hicks et al.，2006；Faucher et al.，2008）。

另外，还有一种从表达和传递的难易程度对知识进行分类定义的方式
也得到众多学者的接受，这种定义方式由 Polanyi（1966）最早提出，他
将知识分为两种类型：显性知识（也称明晰知识）和隐性知识（也成暗
默知识）。其中，显性知识是指经过人们整理和组织后，可以通过使用语
言、图表等工具明确表达的知识，例如表现为文件、数据库、说明书、公
式和计算机程序等形式。而隐性知识是一种与人结合在一起的经验性知
识，经常以个人的经验、团队的默契、技术诀窍、组织文化等形式存在，
因此难以或无法明确表述。对于这些具有复杂和隐性的知识来说，由于其
主要来源于经验和技能，"只可意会，不可言传"，因此需要通过加强面
对面的沟通和交流，综合采用理解、隐喻和实践等多种手段才能有效地
获取。

世界经济合作发展组织（OECD）在 The Knowledge-based Economy 里
把知识划分为四类：① "Know-what" 属于事实类知识；② "Know-why"
包括自然原理和规律方面的科学理论，③ "Know-how" 类似于诀窍类知
识，是指人们通过哪些技巧和能力完成任务，也指具体化的技能和专业知
识；④ "Know-who" 是指有关拥有知识的人的相关信息。也有学者认为，
知识常常既以真理和信念、观点和概念、事实等陈述性知识（即 know-
that）的方式存在，也以流程性知识（即 know-how）的方式存在。另一方
面，许多学者从不同角度对知识分类进行了研究，并提出知识分类的其他
形式。McEvily 和 Chakravarthy（2002）将知识特性划分为隐性、复杂性和
专属性三个维度；Prabhu 等（2005）则将知识特性分为深度、广度和相
似度。Coombs 和 Hull（1998）对知识特性从五个方面进行了归类和比较：
显性和隐性、普适性和特殊性、简单性和复杂性、本地性和普遍性以及信
息/理解/技能类知识。Hayek（1945）提出知识可分为通用知识和特殊知
识，其中通用知识易于被广泛理解和收集，而特殊知识因为总是与特定的

背景因素（如时间和环境）联系在一起，而显得分散和难以收集。还有一些学者从不同角度将隐性知识再进一步细分，例如根据可获得性的考察视角，隐性知识包括：①语义型，隐性知识仅在一个特定的群体实践活动背景下是可以理解的；②社会文化型，隐性知识分散和存在于特定的社会文化和环境中；③非表达型，隐性知识难以、不能或目前尚未被知识拥有者清晰表述；④洞察力型隐性知识，能够让个体从现有知识中实现创新的无意识的洞察力和心智模式（Castillo，2002；徐建敏，2008）。Inkpen 和 Dinurs（1998）则提出了有意识的隐性知识、无意识的隐性知识和团队的隐性知识三种类型[①]。

三　关于知识获取的研究

知识获取是组织在进行知识管理时从外部输入知识的第一个流程，许多学者都把知识获取视作组织学习的起始和关键环节。例如，Huber（1991）提出的组织学习由知识获取、分发、解释和组织记忆构成；Sinkula（1997）提出的信息获取、传播、共享和解释过程；Crossan 等（1999）认为知识获取是组织接受和运用新知识的必经之路。

外部知识获取可以使企业提高应变能力和创新能力（Malhotra，1999），而这两者对形成持续的竞争优势至关重要。Tsai（2001）认为企业可以通过获取和整合外部知识资源形成自身的智力资本，而企业内部无论是管理者还是个体成员，都可以通过外部知识获取来提高学习和吸收能力（Tumer，2006）。知识获取是完整的知识管理过程不可或缺的一部分，新产品开发是一个复杂的知识创新过程，能否取得成功取决于其新知识的含量。当前由于全球化动态竞争的加剧，单纯依靠内部产生的知识从速度、广度、深度、数量和质量等方面，都难以满足企业对新知识的需求。而企业组织外部存在大量丰富的新知识，与企业原有的知识基础和存量构成异质性和互补性，可以大大降低产品开发过程中伴随的高风险和不确定性，因此越来越多企业重视外部知识获取对建立竞争优势的作用。例如，Caloghirou（2004）就把如何获取知识并对其不确定性进行管理，看作是决定新产品开发项目成败的关键。为了开发新产品和新技术满足顾客需要，企业除需要通过内部积累创造新知识以外，还需要从外部获取新的

---

① 以上内容参考了陈羽（2012）的博士学位论文。

市场信息和技术知识。通过外部的下游客户和终端顾客可以获取到各种大量的市场环境知识（McEvily & Zaheer，1999），通过外部供应商和合作伙伴则可以获取到有价值的新技术知识。Li 和 Gao（2003）认为即使在企业自身能够创造出某种知识的情况下，从外部进行获取仍是其最佳选择之一，原因在于外部知识获取可以为企业提供更多的顾客需求和竞争对手信息，有利于企业引入新思想和更好地发现创新机会，从而更有效和准确地选择新产品开发项目；可以缩短新产品的开发时间，在降低开发成本的同时提高产品质量，从而避免和降低单纯内部开发带来的高成本和高风险（江旭等，2008）。

知识获取对于企业创新能力的提升非常重要（Zahra & George，2002；Villar et al.，2012），学者们对知识获取的途径进行了大量研究（陈羽，2012），探讨了在知识获取过程中，需要采用何种方式和途径，促进知识获取的可得性和可实现性，以及提高知识获取的效率。刘锦英（2007）指出，知识获取起源于计算机人工智能领域，就是研究知识流从外部知识源到计算机内部的转化过程，即如何将问题求解型知识从专家头脑或者其他知识源中提取出来，并以合适的表示方法转移传递到计算机中。后续许多学者把上述定义移植到企业知识管理过程中，研究企业组织如何对内外部知识进行获取，其研究发展脉络都是延续了对于获取过程的关注，一些学者对企业获取外部知识的方式和途径进行了研究。Zhao（2005）提出可以通过跨组织合作、市场和价值链、企业内部几个途径获取技术知识。Souitaris（2001）把组织获取外部环境知识的方式划分为两大类：第一类是扫描，例如通过使用因特网和科学出版物、专利数据库和技术报告、参加会议和展览以及使用逆向工程等方式；第二类是通过建立与外部的合作从而获得知识（刘锦英，2007）。此外，Adler 和 Kwon（2002）指出外部社会联系网络有助于企业获取外部知识等资源。

虽然技术的发展促进了知识获取效率的提高，但是技术手段并没有从根本上改变知识的性质和知识获取所需付出的成本（Durst & Edvardsson，2012）。当前对于知识获取，有以下几个主要观点：第一，内部知识获取和外部知识获取存在很强的相互作用，组织需要同时收集内部和外部知识，两者同时进行和相互促进（陈羽，2012）；第二，知识特性对知识获取有重要影响，知识的显性和隐性直接影响到知识获取的速率和效率，隐性知识转移的过程通常比显性知识需要花费更多的时间和人力物力成本，会遇到更多的障碍，因此知识获取的难点在于隐性知识如何获取（Nonaka & Takeuchi，1995）；第三，从组织学习和吸收能力的角度，探讨促进外部知识获取的影响要素，例如 Cohen 和 Levinthal（1990）的研究表明，组织外部新信息的获得取决于其对外界环境的感知、辨认、何对新信息的评估能力，对于知识拥有者而言，他们所拥有的可转移知识流的总量首先非常重要①。总之，由于隐性知识在企业的技术创新中所占比的比例很大（Kogut & Zander，1992；Gold et al.，2001；Faucher et al.，2008；Durst & Edvardsson，2012），进行充分的知识获取是非常困难的，通常情况下需要付出极高的代价（Fagerberg et al.，2006；Alegre et al.，2011）。

四　理论启示

通过对知识管理理论的相关文献进行回顾，可以得出以下两点理论启示：第一，知识对于企业创新和企业竞争力的提升具有重要意义，它是企业的一项关键性战略资源，对知识的充分开发和利用能够显著提高创新绩效；第二，由于知识的特殊性质，使得对它的获取和存储需要支付较高的成本，另外，虽然知识能够扩散，但是，这种扩散效应也会由于知识的特殊性质而不具有较高的效率，也就是说，虽然知识对于企业竞争优势的构建至关重要，但是获取和充分利用知识却比较困难，所需的成本较高。

第四节　创新影响因素的研究综述

通过前面的文献回顾，我们可以发现创新是一个涉及多个相互反馈环节的复杂动态过程，其中伴随着大量知识的产生、转移和扩散，那么，哪些具体因素影响着创新的产生及其效果便成为一个重要的理论问题，对这一问题的研究将有助于理解企业间创新差异产生的原因。实际上，学者们从多个角度对影响创新的因素进行了大量研究（Cohen & Levinthal，1990；McEvily & Chakravarthy，2002；Smith et al.，2005；Wong & Aspinwall，2005；Guthrie & Datta，2008；Tsai，2009；Calantone et al.，2010；Hess & Rothaermel，2011；Patel & Terjesen，2012），对这些文献的总结为本书概念框架的建立和实证模型的设计提供了重要的启示。

---

① 以上部分观点引自陈羽（2012）的博士学位论文。

本节从影响创新投入和产出的两个维度对相关文献进行了回顾，重点归纳各研究的概念框架、研究方法和主要结论，另外，对研究中国上市公司创新行为的重要文献也进行了总结。

一 创新投入影响因素的研究

创新投入是分析企业创新行为的一个重要方面（吴延兵，2007）。首先，创新的投入是企业评测创新行为的一个重要维度（Mansfield，1981，1986；OECD，2005；Arbussa & Coenders，2007；Fagerberg et al.，2006；Carayannis & Province，2008），其次，对创新投入影响因素的分析有助于深入理解企业间创新差异产生的原因（Cooke，2001；Jaw et al.，2006；Bogner & Bansal，2007；Hendricks & Singhal，2008；Liao & Rice，2010；Bogliacini et al.，2012）。因此，创新投入的影响因素一直是创新理论研究的热点（Villar et al.，2012；Nag & Gioia，2012；Hsu et al.，2013）。基于对当前相关文献的梳理，下面本书从先明确创新投入的概念含义，然后，从产业结构、企业高管团队和制度环境，这三个角度对相关文献进行总结。

（一）创新投入的含义和主要测量指标

创新投入是用来评测一个企业创新行为的重要方面，一般认为，创新投入通常指企业为进行产品研发、改进工艺等而对各类相关资源进行消耗的过程，创新投入反映了一个企业对于创新的积极程度（OECD，2005）。

在众多关于创新的研究中，大量文献使用 R&D 强度（企业研发强度，即用于创新的各种支出占企业当年营业总收入的比例）来衡量创新的投入（Connolly & Hirschey，1984；Harris & Trainor，1995；Cohen & Klepper，1996；Becker & Dietz，2004；Eberhart et al.，2004；Aw et al.，2007；Ganotakis & Lovey，2010；Tsai et al.，2011）。虽然这个指标并不能反映企业对创新进行投入的绝对量，而只是给出一个比值，但是，这个指标能较好地反映企业对创新的重视程度，因此，对于研究企业的创新行为有重要的理论价值（吴延兵，2007）。另外，关于产业层面和宏观经济层面的文献也通常使用研发强度来说明创新投入（OECD，2005，2008；Fagerberg et al.，2006；INSEAD，2011）。可以看出，虽然有少量文献使用其他指标来说明创新程度，但是，通过研发强度对创新投入进行测量是学术界和政策界普遍接受的一种方法。

（二）产业结构因素对创新投入的影响

从产业组织结构的角度分析创新的研究的文献，主要将研究重点放在企业规模和市场力量对于创新的影响，但是，有些研究也会将产业技术特征（如技术机会）和企业的产权特性也放入实证模型，从而更详细地研究创新的影响因素（Malerba & Orsenigo，1993；Breschi et al.，2000；Park & Lee，2006）。总结相关文献可以发现，这些研究的概念框架主要受到"熊彼特假说"的影响（Acs & Audretsch，1988；Harris & Trainor，1995；Aw et al.，2007；吴延兵，2007）。熊彼特（1942）认为创新活动的制度化和大企业中建立的研发实验室在企业技术创新中发挥着关键作用，根据他的观点，只有大企业才有足够的财力负担技术开发的费用，而且大型企业的经营范围较广并具有较强的市场地位，因此能够有效降低创新所带来的风险，从而具有更强的创新能力。基于熊彼特的理论，有学者进一步研究了企业规模对创新的影响，发现大企业是引起技术变化的关键因素，在新技术的发明和推广中，都发挥着重要的作用（Galbraith，1953，1956；Kaplan，1954）。熊彼特关于企业规模和市场地位对于创新的影响具有重大的理论意义，提出了从企业规模和市场力量这两个角度对创新影响因素进行研究的观点，即"熊彼特假说"（Acs & Audretsch，1988；吴延兵，2007；Lai & Chang，2010），这一假说的提出为研究影响创新的因素提供了一个清晰的理论框架，众多学者基于该框架进行了大量的实证分析（Cooke，2001；Jaw et al.，2006；Nag & Gioia，2012），丰富了对于创新影响因素的理解。

关于企业规模对创新投入的影响，国外学者很早就对此进行了实证研究（Scherer，1965a，1965b，1967a，1967b；Howe & McFetridge，1976；Connolly & Hirschey，1984），这些早期的研究对企业规模与创新投入的关系并未得出一致的结论，这主要由于早期的研究受到样本选择的限制，同时数量分析方法比较简单，从而制约了研究的深入进行（吴延兵，2007）。随着更细致的调查研究和先进分析方法的使用，学者们进一步研究了企业规模和创新投入之间的关系（Acs & Audretsch，1993；Brouwer & Kleinknecht，1996；Ganotakis & Lovey，2010）。

Jaffe（1988）以美国的537个企业为样本进行了研究，在控制了技术水平、溢出效应和市场需求等因素后，发现R&D支出对销售收入弹性小于1，从而得出结论，小企业的研发支出份额超过了大企业。Braga 和

Willmore（1991）以 4342 个巴西企业的数据为样本，利用 logit 二元选择模型研究了研发支出、技术引进和新产品开发的影响因素，当控制了市场集中度、产权因素、多元化程度和技术机会等因素后，发现企业规模与创新活动呈显著的正相关关系。周黎安和罗凯（2005）通过对中国 1985—1997 年的 30 个省级面板数据的研究，发现企业规模的增加显著促进了创新的投入。

　　另外，还有学者提出企业规模同创新投入间存在着非线性关系。Soete（1979）对美国的大企业样本进行研究，发现企业规模与研发投入之间呈倒"U"形关系，然后，如果根据产业对样本企业分组后，又发现在不同的组内，企业规模与研发投入之间具有不同的关系模式。Kamien & Schwartz（1982）认为，企业规模与 R&D 强度之间存在一个关于规模的临界值，当企业规模小于临界值时，R&D 强度随企业规模的增大而增加；当企业规模超过临界值后，企业规模的增大使得 R&D 强度下降。但是，Bound 等（1984）对美国的 1479 个企业进行了研究，结果发现了企业规模与创新投入之间具有明显的"U"形关系，即 R&D 强度先随企业规模的增大而下降，随后又随企业规模的减小而升高。安同良等（2006）在对江苏省制造企业进行问卷调查后，经过数据分析发现，企业规模同 R&D 强度之间存在倾斜的"V"形关系。

　　从产业组织结构的角度分析，市场力量是另一个影响企业创新投入的关键因素。Scherer（1967b）以 58 个美国制造产业数据为样本，对市场力量与 R&D 投入的关系进行了细致的研究，他利用科学家和工程师的数量等更具体的指标衡量企业 R&D 投入水平，在控制技术机会和产品特性后，研究发现，以四厂商集中度衡量的市场力量显著地正向影响企业的研发投入，并且，在实证模型中加入了市场集中度的平方项后，R&D 投入水平与市场集中度之间出现倒"U"形关系。Scherer 的研究为后续研究提供了两个重要启示：一是在分析市场力量和创新投入之间的关系时，应将技术机会或市场环境考虑在内；二是市场力量同企业创新投入之间可能存在着非线性关系。

　　Shrieves（1978）以美国 411 个企业为样本，在控制了产业技术特征和产品特性后，发现原材料和消费品行业中，市场集中度对 R&D 人员数的作用在不同行业中的表现差异显著，基于这个发现，Shrieves 提出在创新模仿率高的行业中，市场力量更对创新投入的促进效果更为显著。Angelmar（1985）指出，当企业从事研发活动的成本低且不确定性小时，如果能够有效阻止创新被模仿，那么企业将倾向于更高的研发投入，在这种情况下，市场力量对创新投入不会产生积极的促进作用。

Lee（2005）以韩国企业数据为样本，通过实证研究发现在技术专用性程度高的行业中，市场力量对企业 R&D 强度有显著的负作用，而技术专用性程度低的行业中，市场集中度对企业 R&D 强度具有显著的正向作用，根据这一发现，Lee 提出市场力量与 R&D 强度的关系取决于行业特征。Levin 等（1985）通过对美国的企业数据进行研究，发现在 R&D 强度模型中，四厂商集中度及其平方项的系数都通过了显著性检验，但是，当在模型中加入了技术机会和技术专用性后，市场集中度及其平方项对 R&D 强度的作用都不显著。Braga 和 Willmore（1991）以 4342 个巴西企业为样本，发现以 R&D 支出为被解释变量时，赫芬达尔指数并不显著，而以技术引进和新产品开发为被解释变量时，赫芬达尔指数及其平方项的系数都具有显著性。

通过上面的总结可以看出，关于企业规模和市场力量对创新投入的作用，虽然有大量研究成果，但是并没有得出一致的结论。而且，很多研究都指出，其他变量（如技术机会、产品特性等）对创新投入有显著作用，这说明企业所在行业的技术特征等因素对于企业创新具有一定的（甚至是较强的）解释能力。另外，考虑到中国处于经济转型的发展时期（刘世锦，2014），企业的产权特征与国外企业具有显著的不同，因此，基于产业组织的分析视角，在考虑企业规模和市场力量后，加入对企业产权特点的研究，也成为分析中国创新投入的一种新的思路（吴延兵，2007）。

（三）高管团队对企业创新投入的影响

由于创新是企业的一种战略行为，这种行为必然受到企业高级管理团队的影响，因此，企业管理高级管理人员对于创新投入的影响也得到了较多的关注。Barker 和 Mueller（2002）认为，CEO 的特点显著影响企业的 R&D 投资，在控制了企业投入、所有权结构等因素后，发现 CEO 的年龄、工作经历和知识结构都显著影响着企业的研发投入。Wu 和 Tu（2007）通过对美国上市公司的研究，发现 CEO 所持有的股票期权，对企业 R&D 投入具有显著的正向影响，他们对这一结论的解释是，虽然创新具有很大的不确定性，但是可以为企业带来新产品和新技术，有助于提高企业绩效，同时，更为重要的是，股票期权能够促使管理层更加注重企业的长期发展，而进行技术创新是实现长期发展的重要措施，因此，在股票期权的激励作用能够促进企业的创新投入。刘运国和刘雯（2007）通过对中国上市公司的研究，发现企业的研发支出同高管任期时间呈显著的正相关关系，高管任期越长，则研发支出越高，同时，高管离任将显著降低研发支出。总的来说，企业的高管团队显著影响着企业决策，因此对企业创新的投入往往发挥着重要作用，但是，从理论上说，管理层的决策作用只是企业创新要素得以发挥的"外因"（即，如果企业不具备创新的条件，无论什么样的决策也难以促使创新的出现），或者可以将高管团队的决策理解为能否充分利用企业创新资源的一个方面，而决策本身并不能构成创新的"内因"（唐清泉、甄丽明，2009）。

（四）制度环境对创新投入的影响

基于对创新系统的概念（Nelson，1983；Lundvall，1992），学者们认识到，虽然企业是创新的主体，但是，制度环境也是企业创新的重要影响因素（吴敬琏，2002）。通过对现有文献的整理，可以概括出影响创新的两类制度因素，即技术制度（technological regime）和政策制度（policy institution）。下面就分别对这两类因素的相关研究进行总结。

技术制度的概念是由 Nelson 和 Winter（1982）提出的，这一概念刻画了企业创新所能够获取了技术资源，因而技术制度决定了创新的边界和可技术路线。基于类似的思想，Dosi（1982，1988）提出了技术范式的概念（technological paradigms），并明确了技术制度的三个具体维度，即企业的学习过程、企业知识的来源和科学技术基础。Malerba 和 Orsenigo（1997）的研究丰富了技术体制的理论内涵，强调技术进入壁垒（technological entry barriers）和技术独占性（appropriability）对创新投入的重要影响。Breschi 等（2000）进一步提出技术制度应包括技术机会、技术独占性、技术的累积性和知识基础这四个方面，并论述了这四个方面对于产业层面的创新影响。Lee 和 Lim（2001）通过实证研究，发现产业层面的研发成功率受到技术制度的显著影响，从而在一定程度表明技术制度对创新投入之间具有相关性（这是因为，较高的研发成功率将很可能促进企业的创新）。宋耘和曾进泽（2007）基于广东制造业企业的问卷调查数据进行了实证分析，发现技术制度对企业自主创新程度具有显著影响。李晓梅和马云俊（2009）比较了东北地区电子及通信设备制造业同发达地区的差异，从而说明技术制度对于创新的显著影响。焦少飞等（2010）基于中国制造业数据，研究了技术制度对不同行业的创新影响，发现技术体制显著影响研发投入。通过上面的总结可以看到，技术制度是从企业所处的行业特征出发，分析在企业获取技术知识方面的特性，并根据获取技术知识的差异研究影响创新的因素。技术制度强调了企业在获取技术知识方面的特点，而政策制度主要关注影响企业创新的政策环境。影响企业创新的政策环境很多，主要包括金融发展程度（Fagerberg et al.，2006）、经济体开放程度（Lederman & Maloney，2003）、知识产权保护力度（OECD，2005）、政府补贴（唐清泉、甄丽明，2009）。

二　创新产出影响因素的研究

关于创新投入的研究仅从一个方面反映了促进企业创新的因素，而哪些因素对企业创新的结果产生作用也是一个值得关注的问题（Cohen & Levinthal，1990；Jaw et al.，2006；Laursen & Salter，2006；Patel & Terjesen，2012）。因此，学者们对创新的产出方面进行了理论分析和实证研究，这些文献的研究思路主要分为两类：一类是基于熊彼特假说，从产业结构的因素对企业规模和市场力量在创新产出方面的作用进行研究（吴延兵，2007），另一类是从企业创新类型的角度出发，研究不同的创新类型（或创新的模式）对创新产出的影响（Gulbrandsen & Nerdrum，2009；Calantone et al.，2010）。下面先简单概括创新产出的理论含义和常用的测量指标，然后分别对产业组织理论和创新类型这两种研究思路的文献进行归纳。

（一）创新产出及其测量指标

从一般意义上讲，创新产出通常指创新对企业经营所产生的作用，包括产品方面、技术方面和企业绩效方面（OECD，2005；Jansen，2006）。很多文献用"创新绩效"的概念来表述创新产出（Gans et al.，2002；Chesbrough，2003；Danneels，2007；Calantone et al.，2010；Hansen and Winther，2011；Bogliacini et al.，2012），而对应当用什么指标来测量"创新绩效"，学者们并没有形成共识（吴延兵，2007），同时由于数据的可得性问题，不同文献在实证分析中所使用的测量指标存有所差别。但是，通过归纳这些文献可以发现，主要通过企业绩效、新产品数量或新产品所占比例、专利数量等指标对创新产出或创新绩效进行评测（吴延兵，

2007）。虽然陈劲和陈钰芬（2006）指出创新绩效应包括"产出绩效"和"过程绩效"，但是，当前大多数实证研究都是从产出方面衡量创新绩效，因此，这些对创新绩效的实证分析实际上就是对创新产出的研究。

（二）企业规模和市场力量对创新产出的影响

根据传统的产业组织理论，企业规模和市场力量对企业间的竞争行为和企业绩效都有显著影响，同时，对创新产出的研究也受到熊彼特假说的影响，认为企业规模和市场力量是影响创新的重要因素（吴延兵，2007），因此很多文献研究了这两个方面对于创新产出的作用。下面就从这两个方面对相关文献进行归纳。

Schmookler 和 Brownlee（1962）用专利数量测度创新产出，用增加值表示产业规模，研究了美国的产业数据，发现产业规模对创新产出具有显著的正向影响。Mansfield（1963）对美国钢铁、石油和煤炭这三个产业中的企业进行了研究，从工艺创新和产品创新两个维度衡量创新产出，实证分析表明不同行业中企业规模与创新产出间的关系不同。Smyth 等（1972）以英国化工、电气和机械制造三个行业中的 86 个企业为样本，用专利数量衡量创新产出，研究表明在化工和电气行业中，企业规模对创新产出具有正向影响，而在机械制造行业中，企业规模对创新产出具有负向影响。Scherer（1984）对美国 196 个产业的经营单位进行研究，以专利数量衡量创新产出，以销售额表示企业规模，实证分析发现，不同行业的企业在企业规模与创新产出表现出不同的关系。Pavitt 等（1987）研究了英国的 4378 项重大创新，当以员工数量衡量企业规模是，研究结果显示，大企业和小企业有更多的创新，而中等规模企业创新较弱，并且，在不同行业中企业规模对创新的影响也有所不同。Acs 和 Audretsch（1988）对美国企业进行研究后发现，当以创新产品数量表示创新产出时，企业规模对创新的影响取决于不同的产业特征和市场结构。Blundell 等（1995）对英国企业面板数据进行了研究，以创新数量表示创新产出，当控制了知识存量、市场结构和行业特性后，利用技术模型进行分析，发现市场份额对创新产出具有显著的正向作用。Freeman 和 Soete（1997）的研究表明企业规模与创新产出的关系依赖于行业因素和市场结构。Gayle（2001）以专利引用次数代替专利绝对数量作为衡量创新产出的指标，对 33250 个企业数据进行了研究，发现当控制了市场结构、产业特征后，企业规模创新产出具有正向影响。

　　对市场力量和创新产出之间关系的研究，从数据样本和研究方法上与对企业规模的研究类似。Scherer（1965）对 448 家 1955 年的财富 500 企业进行了研究，以专利数量衡量创新产出，当控制了销售收入后，实证分析表明市场力量与创新产出之间的关系并不显著。Jadlow（1981）对 20 个制药企业进行了研究，用新药数量衡量创新产出，用四厂商集中度表示市场力量，回归分析结果显示市场力量与创新产出之间存在正相关关系，并且，以新药数量占总药品数量的比例为被解释变量，四厂商集中度也具有显著的正向影响。Levin 等（1985）的研究表明，以四厂商集中度表示的市场力量与创新数量之间呈倒"U"形关系，但是，如果在实证模型中加入技术机会和技术专用性后，市场力量对创新产出的影响不再显著。Lunn（1986）以美国产业数据为样本，利用联立方程模型进行了实证研究，发现市场集中对以工艺专利数量具有显著的正向影响，而对产品专利数量没有显著影响。Kraft（1989）研究了前联邦德国的企业数据，用竞争对手数量的倒数表示市场力量，当控制了企业规模、所有权结构、资金情况、员工技术因素后，发现市场力量对新产品收入比例有显著正向影响。Geroski（1990）对英国产业数据的研究发现，如果以成功创新的数量作为创新产出的指标，那么以五厂商集中度表示的市场力量对创新具有负向影响。Koeller（1995）利用联立方程模型对美国制造业进行了研究，发现四厂商集中度对创新数量具有显著的负向影响，而在分别对大企业和小企业进行研究后，实证结果说明，市场力量对小企业的创新产出有显著的负向影响，但对大企业创新产出的影响不显著，于是他认为，小企业倾向于在竞争激烈的市场环境中进行创新活动。Broadberry 和 Crafts（2000）研究了英国的产业数据，发现在控制了产业规模和技术机会后，市场力量对创新产出具有负向影响。Gayle（2001）以美国 33250 个企业数据为样本，分别用专利数量和专利被引用数量表示创新产出，实证研究表明，市场力量对企业专利数量具有明显的负向影响，而对专利被引次数有显著的正向作用。吴延兵对中国大中型工业企业的产业数据进行了研究，将企业规模、市场结构、产权结构等作为自变量，通过实证分析研究创新投入和创新产出的影响因素，分析结果表明，企业规模对 R&D 投入和新产品收益具有显著的正向影响，而市场力量对创新的影响并不显著（吴延兵，2007）。

（三）企业创新类型对创新产出的影响

从产业结构的角度对创新产出进行分析，虽然得出一些重要结论，但是这种研究思路缺乏对企业自身的研究（Inkpen & Pien，2006；Gulbrandsen & Nerdrum，2009；Terziovski，2010），而企业作为创新主体，其自身所拥有的资源禀赋对于解释企业间的创新差异具有重要意义。目前，从企业自身特征研究创新产出的文献主要集中在对创新类型的研究（Jensen et al.，2007），这类文献的理论逻辑可以归纳为，由于企业间存在的异质性，企业可以根据自身特点采取不同的创新策略（即创新类型），而不同的创新类型将得到不同的产出，因此，建立创新类型和创新产出之间的概念模型并进行实证分析，就可能发现两者间的某种联系。从理论上说，这类文献采用了资源基础理论的分析视角，因此能够从企业自身特点出发对创新产出进行较为深入的研究（Hess & Rothaermel，2011），一定程度上克服了从产业结构角度研究创新产出的不足。下面就对创新类型和创新产出关系的相关研究进行回顾。

Amara 等（2008）以加拿大 2670 个员工数量小于 250 人的企业为样本，研究了不同的学习过程对于创新程度（novelty of innovation）的影响，基于 logit 二元模型的分析结果表明，实干（learning by doing）、训练（learning by training）、互动（learning by interacting），这三种学习方式对于小企业的创新程度有很强的促进作用。Mention（2011）利用第 4 次创新调查（Community Innovation Survey，CIS）的数据对卢森堡的 1052 家服务业企业进行了研究，发现有三种信息能够对企业的创新程度产生明显的正向影响，这三种信息是：来自市场的信息、处于同一集团的其他公司所提供的信息和从科学研究机构获取的信息。而利用来自竞争对手的信息则对创新程度产生负向影响。陈劲等（Chen et al.，2011）以中国企业为样本详细研究企业外部知识的创新绩效，并指出利用不同类型的知识所进行的创新活动将带来不同的企业绩效。还有学者进一步强调了企业外部资源的重要性，并系统地研究了"开放式创新"（Chesbrough，2003）对企业绩效的作用（Dahlander & Gann，2010；Lichtenthaler，2010；Huizingh，2011；Huang & Chou，2013）。另外，Clausen 等（2013）研究了四种不同的创新类型（开放式探索、封闭式探索、开放式利用、封闭式利用），利用挪威的 1000 家创新型企业作为样本，通过结构方程模型证实了不同创新类型所和创新绩效的关系。此外，由于知识在企业创新中的核心作用，学者们研究了利用不同知识类型的创新所得到的企业绩效（Jensen et al.，2007）。总的来说，从创新类型的角度对创新产出（或创新绩效）进行分析，强调了企业间的异质性，能够从一个微观层次分析企业间的差异，因此深化了创新影响因素的研究。但是，基于战略管理理论的观点（Barney，1991，关于资源和战略关系的论述），创新类型只说明了特定的企业战略，而企业所拥有的资源是制定竞争战略的基础，从这个角度说，如果要更深入地分析企业创新差异产生的原因，则需要对企业实施创新战略所依赖的特定资源进行研究。

三　以中国上市公司为样本的创新研究

中国上市公司是受到严格监管并具有良好竞争力的企业（张显峰，2012），对这些企业的研究具有较强的现实意义，而且上市公司的信息相对公开，为研究企业创新提供了丰富的信息来源，因此，许多文献以中国上市公司为样本研究了创新的相关问题（黄淙淙，2011；李龙筠、谢艺，2011；李龙筠、刘晓川，2011；陆国庆，2011；朱国军等，2013）。

国内关于上市公司的创新研究主要分为两类。第一类，将研究创新对企业发展的作用，这可以看作是对创新产出（或创新绩效）的检验，例如，陆国庆（2011）以中小板中能够找到创新投入数据的133企业为样本，通过实证研究发现，企业绩效与创新投入和创新产出有正相关关系。杨惠馨和王嵩（2013）研究了中小板上市公司的技术创新对企业成长的促进作用。第二类，研究创新的影响因素，例如，朱国军等（2013）以创业板上市公司中153家企业为样本，研究了高级管理团队与创新绩效之间的关系，证实了高管团队的特征与创新绩效之间的显著关系。李龙筠和刘晓川（2011）研究了企业规模、市场力量和企业所在地区的经济状况和创业板上市公司创新能力的关系。总的来看，关于上市公司创新的研究，有以下两个特点：①以创新绩效为主；②绝大多数研究的概念框架来自于产业结构的分析视角。因此，当前对上市公司创新所做的研究，不能系统而深入地回答"企业间的创新差异是有什么因素造成的"这一问题。

四　对创新影响因素研究的总结和评述

通过对创新影响因素的文献进行回顾，可以发现当前的研究思路主要分为两类。第一类是从产业结构的角度进行研究，强调企业规模、市场力量、产权结构等因素，同时，一些学者认识到，仅依靠这几个方面并不能充分解释企业间的创新差异，进而引入技术机会、技术制度、政策环境等企业外部因素。这类文献在样本选取上分为产业层面和企业层面，基于产业层面的样本选取表明这种基于产业结构的研究视强调了产业特征对创新的影响（吴延兵，2007），而缺乏对企业间异质性的分析，考虑到企业是创新的微观主体，因此，基于产业结构的分析框架并不能充分解释企业间创新差异的产生。第二类研究创新影响因素的思路是研究不同创新类型或企业特征对企创新绩效的作用关系，这类文献一般以企业层面的数据作为实证模型的基础（安同良等，2006），能够反映出企业间创新行为间的差异，但是，这种分析思路并不是直接研究企业创新的影响因素，而是将重点放在创新对企业经营所产生的作用，因此在这些研究中，虽然涉及创新影响因素的分析和实证，但实质上这些文献将研究重点放在创新的企业绩效上，而没有对"企业间的创新差异是由哪些因素造成的"这一问题做出直接的响应。

另外，一些学者也认识到，上市公司是研究企业创新的良好样本，并进行了相应的研究（李龙筠、谢艺，2011）。但是，对中国上市公司的创新进行实证研究的文献多数关注创新本身对企业绩效的影响（陆国庆，2011），很少有文献研究上市公司创新的决定因素，而从企业资源的角度对中国上市公司的创新影响因素进行研究的文献更少。因此，以企业资源为基本的分析单元，对相应资源的属性及它们对创新的作用进行系统的研究，则有可能获得关于中小企业创新行为更深入的认识。

第五节　本章小结

本章首先回顾了企业竞争优势和资源基础理论的研究文献，其次介绍了创新动力机制研究的主要观点和知识管理理论中的重要结论，最后概括归纳了关于创新影响因素的主要研究思路和研究方法，并指出已有研究所提出的概念框架并不能很好地回答本书的研究问题。通过对相关文献的理论综述，得到了一系列重要的理论启示，并为本书的研究提供了新的分析视角。

文献综述部分的前三节所介绍的内容，为本书构建一个新的概念框架提供了必要的理论基础，而第四节通过归纳关于创新影响因素的已有研究，指出使用当前的分析框架对中小企业进行研究可能存在三点不足：①大量的中小企业在企业规模、市场环境、产权特性等方面的相差不大，因此，基于熊彼特假说所建立的分析框架不能充分解释中小企业创新差异产生的原因；②众多关于创新绩效的实证研究虽然能够为研究创新影响因素提供理论参考，但是，这些研究并未对创新的影响因素进行直接的分析；③以中国上市公司为样本进行创新研究的文献，未能充分研究创新的影响因素，也很少深入企业内部，以企业资源为基本单元研究创新的影响因素。

对相关研究结论进行归纳和梳理后，借鉴本章前三节所概括的研究内容，本书提出了一个分析中小企业创新影响因素的新的概念框架，该框架既是对当前已有研究存在不足的一种改进，也是对资源基础理论、创新动力机制研究和知识管理理论的相关成果的一种应用。表2－2列出了本章前三节所概括的理论内容及启示。

表2－2   文献综述中的重要理论及启示

理论内容	重要启示
竞争优势和资源基础理论	创新的目的是为了获取竞争优势
	资源基础理论从企业资源的角度分析企业的竞争行为
创新动力机制研究	技术和需求是创新的主要动力来源，而竞争环境也发挥着重要作用
	创新是一个复杂的非线性过程，需要对众多环节进行有效协调
知识管理理论	知识在创新中具有关键作用
	知识的获取和利用是复杂的过程，是需要较高的成本
	知识的特点决定了很难对知识进行完全复制

由于本书的研究需要深入企业内部，对企业自身特点进行深入分析，找到企业自身特点与创新行为之间的某种关系，而通过表2－2可以看出，资源基础理论正好为这种分析提供了一个基础的框架。并且，创新动力机制的研究为确定哪些因素有可能成为影响创新的企业资源提供了理论参考。最后，知识管理理论为明确创新的影响因素提供了更具体的指引，强调了知识在创新中的作用，同时说明了知识及其相关过程的特点，为从理论上构建概念框架提供了基础。依照这个思路，本书将以资源基础理论的

VRIO 框架为基础，从企业资源的角度，逐渐深入分析创新的影响因素，将相关因素具体化，并研究每种因素的特性和对创新的作用，进而提出用于分析创新影响因素的新的概念框架。

第三章

概念框架：资源基础理论视角下的
创新优势与企业创新

本章从资源基础理论的视角，论述了创新优势的理论含义及其分析思路，并借鉴创新动力机制研究和知识管理理论中的相关结论，从企业资源的角度提出了创新优势的具体内容，即"独立性技术知识资源""系统性技术知识资源"和"需求信息资源"，并分析了它们与企业创新表现之间的逻辑关系。另外，还讨论了"竞争压力"对企业创新的作用。基于以上概念以及它们对创新所产生作用的分析，本章建立了一个研究中小企业创新影响因素的概念框架，图 3-1 概括了这一框架的基本逻辑。本章将对相关概念和假设的具体内容进行详细介绍。

本章的主要内容包括以下五节：第一节，为了界定企业间的创新差异，引入了关于创新表现的两个维度，即"创新活力"和"创新程度"，并论述了创新活力对创新程度的作用；第二节，从资源基础理论的视角论述了创新优势的理论含义，并给出关于创新优势的分析思路；第三节，基于创新优势的分析思路，借鉴创新动力机制研究和知识管理理论的相关结论，提出创新优势的具体内容，并论述了它们对企业创新的作用，得到了一系列理论假设；第四节，分析了企业所面临的"竞争压力"对创新的作用；第五节，对主要概念及相关假设进行了总结归纳。

第一节　企业创新的两个维度

一　创新活力

在现实的商业活动中，有的企业对创新投入较多，进行大量的创新活动，而有的企业则相对保守，很少有创新活动（诺兰等，2007；王娜等，

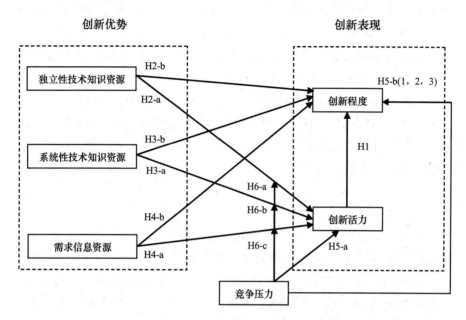

图 3 - 1 概念框架：创新优势与企业创新之间的逻辑关系

注：假设 H5 – b（2）表示负向作用，H5 – b（3）表示非线性关系，除此之外，其他全部假设均认为因变量对被解释变量具有正向作用（或产生正向调节作用）。

2010），这直观地反映出企业间创新活力的不同。有学者从理论上对创新活力的指标体系进行了研究（张军，2004；邵汝军、胡斌，2008），从这些研究中可以看出，创新活力是一个评价企业创新行为的重要维度，然而，很少有文献给出关于创新活力的一个严格定义，本书也不打算对创新活力的精确定义进行深入的研究，而只是借用创新活力来启发式地说明企业间的创新差异。

在本书的研究中，创新活力用来反映企业对于创新的积极程度，那些从事创新相关活动（如企业研发、购买专利、参加技术交流等）较多[①]的企业，被认为具有较高的创新活力，而进行较少创新活动的企业，被认为创新活力较低。一方面，从经济现实的角度看，大量的研究表明创新有助

———————

① 更准确地说，这里的"较多"应该是占的比例较大的意思。比如，一家企业在一年内进行了 100 项活动，其中 20 项与创新密切相关，而另一家企业在同样的时间内进行了 1000 项活动，其中 50 项与创新相关，那么，前者的创新活力强于后者，虽然，从创新活动的数量上，前者更少。

于企业获取竞争优势，提高经济绩效（Reichstein & Salter，2006；Hall et al.，2009；Liao & Rice，2010；Terziovski，2010；Alegre et al.，2011），而且创新活动的大量出现将对产业技术变迁和经济效率的提高发挥重要作用（Hayek，1945；Rothwell，1977；Nelson & Winter，1982；Dosi，1982，1988；Fagerberg，1996；Ancori et al.，2000；INSEAD，2011），另一方面，从理论研究的角度看，对创新活力的分析能够促进对于创新投入、创新动力机制等因素的研究，所以，本书将创新活力作为企业创新的一个重要维度纳入了分析框架。

二　创新程度

本书中关于创新的另一个维度是创新程度（novelty of innovation），这一概念在实证研究的文献中被大量使用（Subramaniam & Youndt，2005；Reichstein & Salter，2006；Tripsas，2008；Govindarajan et al.，2011）。创新程度用来说明一种新产品在多大程度上不同于（通常是技术更先进，性能更优越）其他产品（Amara & Landry，2005）。根据《创新调查手册》（OECD，2005）创新程度分为三个程度逐渐加深的层次：对于公司自身是新的（new to the firm）、对于市场是新的（new to the market）、对于世界是新的（new to the world），鉴于《创新调查手册》的权威性（OECD，2005；Fagerberg et al.，2006），很多文献都借鉴了这种对创新程度的分类方式。从商业实践的角度看，在激烈的市场竞争环境下，产品的创新程度成为影响企业竞争能力的一项关键因素（Caraca et al.，2009；Ciftci & Cready，2011），那些能够较快推出更加新颖产品的公司，往往在竞争中取得先机，获取良好的企业绩效（Teece，2008；Kim & Huarng，2011），另一方面，从理论研究的角度看，创新程度从一个侧面反映了企业的创新能力，那些能够开发出更新颖（一般也是技术更先进）产品的企业通常在创新方面具有特定的优势，研究这种优势和创新程度之间的关系，有助于更好地理解创新过程和影响创新的关键因素（Hughes et al.，2010；Patel & Terjesen，2012）。

三　创新活力与创新程度的关系

根据上面的分析，创新活力说明了企业对创新的积极程度，创新活力越强，则在创新方面的表现越积极。而创新程度用来说明产品的新颖性，通常情况，为了得到新颖性高的产品，需要较多的研发投入（Amara & Landry, 2005），也就意味着需要较强的创新活力。所以，较强的创新活力有助于得到更新颖的产品，于是提出假设：

H1：创新活力与创新程度之间存在正向关系

通过上面的分析可以看出，创新活力和创新程度分别从企业的创新积极性和创新的新颖性（通常也是创新产品的先进性），这两个维度说明了企业间创新的差异。而且，无论是从实践意义上，还是从学术意义上，这两个维度都具有明显的研究价值，于是被放入了概念框架。下面将从资源基础理论的角度进行论述，说明什么因素能够对创新活力和创新程度产生显著的影响。

第二节 创新优势及其分析框架：资源基础理论的视角

一 从企业资源的角度理解创新优势

资源基础理论（Barney & Clark, 2007）认为企业拥有的特定资源是竞争优势的来源，而且这些资源决定了企业的竞争战略（Teece, 2007）。另外，大量文献指出创新的目的是为了获取竞争优势（Fagerberg, 2000；Zahra & George, 2002；OECD, 2005；Tsai & Wang, 2005；Hall et al., 2009）。因此，从逻辑上说，企业资源与创新之间必然存在着某种关联。更具体地，设想一家企业具有某些特殊的资源，这些资源使得该企业倾向于以创新的方式取得更好的竞争地位，在这种情形下，这家企业所具有的那些特殊资源便成为促使企业进行创新的因素。同理，那些不具备能够促使企业进行创新的资源的企业，根据资源基础理论的观点，它们将难以实施创新的战略。通过这个分析，可以看出，由于企业资源是决定企业战略的关键因素，而创新本身即为一种战略（Clausen et al., 2013），因此，某些特定的企业资源将会促使企业实施创新的战略，这些资源就与企业创新形成了逻辑上的必然联系。再进一步分析，某些企业资源使得相应的企业倾向于积极地从事创新活动，那么，这类企业便表现出较强的创新活力，同样，某些资源使得企业倾向于开发更为新颖的产品，那么，这类企业就表现出较高的创新程度。在本书的研究中，更强的创新活力和更高的创新程度都被看作是"好"的创新表现，因此，企业的某些资源将会决定企业有好的创新表现，这就建立了企业资源与创新表现之间的逻辑关系。

有了上面的分析，就可以较为抽象地回答本书所提出的理论问题——"什么因素导致了企业间创新的差异"。这个回答是，企业间所拥有的不同资源导致了它们在创新方面的差异——具有某类资源的企业表现出更强的创新活力，而没有这类资源的企业，则创新活力较弱；具有某类资源的企业表现出更高的创新程度，而没有这类资源的企业，则创新程度较低。

另外，在资源基础理论中，认为某些特殊的资源是企业的竞争优势，因为这些资源能够使企业获取更高的经济绩效。类似地，基于前面的分析，企业的某类资源能够使企业有更"好"的创新表现（即，更强的创新活力或更高的创新程度），那么可以将这类资源定义为企业的创新优势。也就是说，企业的某些资源使得企业倾向于实施创新的战略，使企业表现出更强的创新活力，或者更高的创新程度。这类使某些企业具有更"好"创新表现的特殊资源，就是创新优势。当说明创新优势的含义后，便可以认为，企业的创新差异之所产生，是因为有些企业具有创新优势（于是，他们有更好的创新表现），而其他企业没有这种优势。需要补充说明的是，"创新优势"这种提法在很多文献中都出现过（陆立军、郑小碧，2010），但是本书中的创新优势，从资源基础理论的分析视角进行论述的，仅当从企业资源的特性对创新进行研究的特定上下文环境中使用，是一个应用范围相对较窄但是含义比较明确的概念。

虽然通过创新优势的概念能够直接回答企业间创新产业的来源，并指出这种差异来自于企业间的资源异质性，但是，这种回答较为抽象，仅具有一定的启发性，并没有具体给出哪些资源对创新产生显著影响，也没有说明这类资源所具有的特性以及它们对创新产生了什么影响。针对这些问题，本节的后半部分给出了一个建立在资源基础理论之上的分析框架，以该框架作为研究创新优势的工具，用来判断哪些企业资源可以成为创新优势，而在本章下一节中，将通过进一步分析，逐渐形成关于创新优势更为具体、清晰的说明。

二　创新优势的分析框架

根据前面的分析，创新优势本质上就是企业所具有的某些特定资源，这些资源能够使企业有更好的创新表现。借助资源基础理论中关于竞争优势的研究思路（Barney & Clark，2007），本书提出了一种分析创新优势的框架（i-VRIO框架），如表3－1所示。

表3－1　　　　　　　　　　　　　i-VRIO 分析框架

某种企业资源				企业的创新表现
对创新有价值	稀缺	难以模仿	被充分利用	
否	—		否 ↕ 是	劣优
是	否	—		
是	是	否		
是	是	是		

根据表3－1，当分析一种企业资源能否成为企业的创新优势时，应考察这种资源是否对创新有价值（value），是否为稀缺资源（rarity），是否难以复制或模仿（imitability），同时还应从企业层面考察这种资源是否被良好的组织（organization）以充分利用。参考资源基础理论的论证逻辑，首先，如果一种资源对于创新是有价值的，那么企业便可以利用这种资源进行创新活动，从而发挥出这种资源的价值。其次，如果这类资源恰好还具有稀缺性，那么利用这种资源进行创新，至少在短期内该企业得表现出某项独特优势，因此，企业将有更强的激励进行创新活动。另外，如果这种资源还是难以被模仿的，那么基于这种资源的创新战略将不会被其他企业所模仿，这会使企业持续保持某项竞争优势，所以，具备这种资源的企业应倾向于实施的创新战略。最后，这些对创新有影响的企业资源，只有在被良好的组织利用后，才可能发挥相应的作用，企业才可能有良好的创新表现，如果这些资源没有被利用，那么创新将被削弱，同时企业也会承担相应的机会成本。通过这个论述，可以看出，将创新看作一种获取竞争优势的企业战略，基于资源基础理论的分析逻辑，企业资源与创新表现之间存在明显的关联，这位系统地分析创新优势提供了条件。

在 i-VRIO 框架中，"对创新有价值"是一个较为抽象的说法，不同的研究情景将可能产生不同的理解。在本书的研究中，将主要从创新的经济成本和创新的风险，这两个角度进行分析。首先，创新的经济成本是指企业在从事创新活动时所要进行的必要投入，如资金、人员等。因为创新需要投入（李仪，2013），所以创新必然要承担一定的经济成本，而企业资源的异质性将能够造成这类经济成本的差别，比如，有着丰富软件设计的企业，当需要开发一套新产品时，它可能由于曾经的技术积累而减少了很多"摸索"的过程，从而减少各种费用的支出，降低了创新的成本。因此，在这个例子中，软件企业的技术积累能够帮助降低创新成本，因此，可能成为一种创新优势。其次，创新的风险，是指由创新中存在的各种不确定因素而使企业在创新过程中所要面对的风险，比如研发的设计失败，新产品没有被市场认可等（Kok & Biemans，2009）。有学者指出，创新必然存在不确定性（Droge et al.，2008；Sainio et al.，2012），因此，从根本上说，创新的风险不可避免。但是，企业资源却可能降低创新的某些风险。比如，一家企业能够准确而清晰地知道客户的需求，那么，这家企业基于对市场需求的精确把握而进行的产品创新，则将减低新产品不被市场认可的风险。所以，本书在利用 i-VRIO 框架对创新优势进行分析时，将通过创新的经济成本和创新的风险，这两个角度考察企业资源对于创新的价值。

第三节　创新优势的具体内容：企业资源的分类及其对创新的作用

根据上面的分析，创新优势是促使企业有更好创新表现的某些资源。而这些资源在企业间不均匀分布，造成不同企业拥有资源的异质性（Barney，2001），于是，企业间出现明显的创新差异。为了能够更清晰地研究哪些因素构成创新优势的具体内容，本书通过对企业资源进行分类讨论的方式进行分析。

首先，根据资源基础理论的相关研究，一般意义上的企业资源可以从独立性和系统性两个维度进行分类（Miller & Shamsie，1996；Brumagin，1994）。独立性资源在一定程度上不依赖于它的组织环境，也就是说，当脱离了组织环境后，这种资源还能发挥它的价值，而系统性资源则对组织环境的依赖程度较深，它的价值只有依托其所在的组织才能有效地发挥出来。从独立性和系统性的角度对资源进行分类，体现了企业资源属性的重要方面，有助于对资源的特性进行深入的分析。

其次，根据创新动力机制研究的理论观点，创新是一个复杂的迭代过程（链式模型），在这个过程中，技术和需求发挥着关键作用，技术因素提供了实施创新所需的必要手段，明确了创新的路径（Nelson，2008），而需求因素能够对企业创新产生强有力的激励效果（Tripsas，2008）。因此，在企业所拥有的各类资源中，那些与技术和需求相关的资源则最有可能成为创新优势的具体内容，从这个角度分析，作为创新优势的企业资源可以分为两类：技术资源和需求资源。

最后，根据知识管理理论的观点，创新是一个涉及知识创造、知识整合、知识利用等多个知识活动的过程（Durst & Edvardsson，2012），在这个过程中存在大量复杂的信息收集、传递和整合（Nag & Gioia，2012），因此，创新与知识和信息密切相关。根据 Garcia-Perez 和 Ayres（2010）的总结，信息是对一些原始数据、事实按照一定模式进行归纳整理后得到的内容，这些内容是对现实情况的一种反映，在信息的基础上，加入一些经验和判断，并将具体的应用情景与之相结合，就得到了具体的知识。根据这种总结，可以看出信息强调了内容，而知识强调了效用。Gold 等（2001）也认为，知识具有一种促使变化产生的能力。伍振华（2003）对知识和信息的定义进行了研究，认为知识是反映人类认识成果的一个概念，它是人类头脑对客观事物的理解和判断，而信息则具有客观性，是对事物的一种反映。并且，伍振华（2003）还强调了知识应具有"正确"的属性，也就是说，关于客观事物和规律的正确理解和判断才是知识，而信息则并不一定具有这个属性。通过上面的分析，虽然知识和信息两者有密切的关系，但是，信息仅是对客观事物的一种相对简单的反映，而知识则要根据所拥有的信息，结合已有的经验，通过判断分析等复杂的过程才可能获得。知识是关于事物及其规律的正确认识，并且与应用情景高度相关，而信息的概念并不强调"应用性"和"正确性"（Garcia-Perez & Ayres，2010）。

基于资源基础理论的研究，一般性资源可以从独立性和系统性的角度进行分类；根据创新动力机制研究的结论，企业创新相关的资源可以分为技术资源和需求资源；而从知识管理理论的观点看，创新相关的资源可以分为知识和信息两类。因此，

基于上面的分析，企业的创新资源可以从独立性和系统性、技术和需求、知识和信息，这三对（共 6 个维度）进行分类，其中，独立性和系统性，是从资源发挥价值的条件进行分析，是企业一般性资源所具有的分

类属性；技术和需求，则更多的是强调创新的动力，即当具备技术和需求的某些因素时，企业应更倾向于进行创新活动；知识和信息，更强调在创新过程中存在大量与知识和信息密切相关的过程，对知识和信息特性的分析有助于更清晰地建立企业资源与创新行为之间的联系。简言之，独立性和系统性给出了企业资源分类的一般性标准；技术和需求这两个因素提示了研究创新优势具体内容的一个可能的框架；知识和信息这两个方面则给出了在构建概念框架时的一个分析思路。

下面将基于对独立性和系统性、技术和需求、知识和信息这 6 个方面对企业资源进行分类，并利用上一节提出的 i-VRIO 框架对每类资源分别进行研究，提出相应资源与企业创新之间理论假设，从而说明创新优势的具体含义及其对企业创新的影响。

一　独立性技术知识资源与企业创新

技术因素是影响企业创新的一个方面（De Luca et al. , 2010），并且，在利用技术进行创新的过程中，需要进行大量的研发活动（Dijk & Yarime, 2010），研发人员收集信息，进行总结、判断、分析，以获取新的知识（Alegre et al. , 2011）。技术对创新产生的促进作用，体现在它能够使人们对事物及其规律有新的认识，而且，在创新过程中，技术往往体现出某种正确性，是关于事物属性和发展规律的正确认识（李仪，2013）。所以，可以认为，技术在创新中应是以"知识"的形态出现。在创新理论的研究中，大量学者也都认可知识在创新中的关键作用，并将知识与技术创新紧密关联起来（Gold et al. , 2001；Wiklund & Shepherd, 2003；Durst & Edvardsson, 2012），这也反映了创新中技术因素的"知识"属性。从另一个方面说，虽然某些技术（如专利）也能够以"信息"的形式进行传播和存储，但是，它们除了有信息的表现形式，还具备显著的知识属性，因为，要得到这些技术往往需要大量分析判断的工作，依赖与人脑对信息的加工处理（Polanyi, 1962；Cohen & Levinthal, 1990），而且，这些技术更多地强调对规律的认识和对问题的解决，是正确的指导（Gopalakrishnan & Bierly, 2001）。所以，即使某些技术从形式上看可以被看作信息，但是，究其本质依然反映了它的知识特征。基于上面的分析，本书把企业中那些技术相关的资源看作是"技术知识资源"，强调了这类资源的知识属性。

另外，根据资源基础理论的相关研究，一般意义上的企业资源可以从独立性和系统性两个维度进行分类（Miller & Shamsie，1996；Brumagin，1994）。本书对技术知识资源的研究也借鉴了这种分类方式，把技术知识资源细分为两类：独立性技术知识资源和系统性技术知识资源。本书先讨论独立的技术知识资源的具体含义，以及它与企业创新之间的关系，然后再对系统性技术知识资源进行分析。

独立性技术知识资源，是在技术方面能够相对独立发挥价值的那类资源。这类资源首先是和技术相关的，其次，它对组织环境的依赖程度较低。比如，企业聘请的在特定领域造诣很深的专家，这位专家的技术知识对于企业创新具有很高的价值，并且，该专家离开这家企业后，他/她所掌握的专业知识依然具有很高的价值，也就是说，这位专家的知识不依赖特定的组织环境，能够相对独立地体现对于创新的价值。再比如，技术专利也可以看作是一种独立性技术知识资源，因为，一方面专利对于创新是一种有价值的资源（Bound et al.，1984；Breschi et al.，2000），同时，专利的价值在不同的企业内都可以得到体现，而并不依赖特定的组织环境。另外，独立性技术知识资源往往与新颖的、先进的技术相关（Miller & Shamsie，1996），这是因为，只有技术上新颖、先进，体现出明显的与众不同的品质，才可能在不同的企业中都能够对创新产生价值。概括地说，独立性技术知识资源是不依赖组织环境而发挥创新价值的企业资源，这类资源通过特有的技术品质（新颖性、先进性）得以表现。

由于独立性技术知识资源与相对新颖、先进的技术相关，拥有了这类资源的企业将获得技术上的独特性，企业便可以利用这种资源开发新产品，所以，独立性技术知识资源对创新应具有促进作用。更系统地，根据上节提出的 i-VRIO 框架，拥有独立性技术知识资源的企业相比于没有这类资源的企业，在创新时能够免去获得特定技术知识资源的成本，比如，拥有了某些技术专利的企业，相对于那些也需要这类技术但没有专利使用权的企业来说，至少节省了专利使用的费用，而且，当考虑到利用这些技术可能还需要配套的研发经验时（诺兰等，2007），拥有特定技术的企业将节省更多的成本。因此，独立性技术知识资源对于企业创新有明显的价值。其次，无论企业管理者，还是理论研究者都在强调技术知识的宝贵和稀缺（诺兰等，2007；韩宇，2009），所以，独立性技术知识资源显然是一种稀缺资源。另外，独立性技术知识资源是一种以知识形态存在的企业资源，根据知识管理理论的相关研究，知识的获取、积累、转移等过程非常复杂，并且其中涉及大量的隐性知识，所以，技术知识是很难被复制的。最后，根据 i-VRIO 框架，需要考虑独立性技术知识资源是否被企业进行充分的利用，关于一种资源是否被良好地组织并加以利用本质上说是对企业"管理状况"的一种考察（Barney & Clark，2007），而本书的研究专注于企业所拥有的特定资源，并未将管理状况作为重要的变量，但是，由于样本选取的是中国创业板上市公司，这些企业是中国中小型企业中经济效益较好、管理经验比较丰富的创新型企业（李龙筠、谢艺，2011），可以认为它们在对技术资源的开发和利用方面具有较强的能力，因此，本书假定研究样本中的企业都能够较充分地利用所拥有的创新资源（无论是技术方面，还是需求方面），这样，就可以将研究重点聚焦于资源的价值、稀缺性和难以模仿性这三个方面。总之，独立性技术知识资源对于企业创新是具有价值的、稀缺的和难以模仿的，根据资源基础理论的逻辑，这种资源如果能够被充分地利用，就成为企业的一种创新优势。下面，从创新动力和创新活力这两个角度分析独立性技术知识资源对于创新的作用，并提出相应的理论假设。

首先，对于创新活力来说，开发和利用独立性技术知识资源能够降低企业的创新成本，并且这种资源是稀缺的、难以模仿的，所以，如果企业不实施创新战略，那么这种资源的存在将使企业承受很高的机会成本（Mankiw，2011），从这个角度分析，相比于其他企业，拥有独立性技术知识资源的企业将在创新方面表现得更积极，因此，可以得出假设：

H2 - a：独立性技术知识资源能够提高企业的创新活力

其次，对于创新程度来说，由于独立性技术知识资源通常表现出技术方面的独特性，因此在开发新颖性较高的产品时，这类资源具有明显的价值。而且，作为一种技术知识资源，它也具有稀缺性和难以模仿性。当拥有独立性技术知识资源后，企业便具备了通过开发新颖性程度较高的产品进行市场竞争的可能，所以，更倾向于开发较创新程度较高的产品，于是，得出假设：

　　H2 - b：独立性技术知识资源能够提高企业的创新程度

二　系统性技术知识资源与企业创新

　　系统性技术知识资源，是从资源的系统性角度对技术知识资源的一种分类。资源的系统性强调某种资源的价值与其所在的组织环境密切相关，这种资源只有在特定组织中才能发挥相应的价值（Miller & Shamsie，1996），因此，通常情况下，把组织作为一个整体进行考察才能够获得对系统性资源的认识。

　　系统性技术知识资源的价值依赖于组织环境，而不能相对独立地发挥作用。例如，一家企业完成了某项新产品的开发，这种新产品能够体现企业的技术实力，但是，与这种技术实力相对应的技术知识需要依赖于这家企业才能发挥对创新的作用，这是因为，根据创新动力机制研究的理论观点，新产品开发的整个过程涉及众多环节，各环节之间存在复杂的信息反馈（Kline & Rosenberg，1986），因此难以明确区分特定知识在创新过程中的独立作用①。所以，新产品一定程度上体现出系统性技术知识资源在创新方面的价值。另外，根据上面对新产品体现系统性技术知识资源的说明，可以看出，正是由于创新过程中存在大量非线性的复杂反馈，使得创新过程中需要协调众多环节之间的关系，对各种反馈信息进行高效的处理、归纳、分析，因此，需要一类特定的技术知识资源促使创新高效地实施，这类资源即是系统性技术知识资源。所以，从资源的系统性角度看，系统性技术知识资源依赖于企业的组织环境，而从其价值（对创新的作用）来源看，它体现了技术知识在创新过程对各个环节的协调能力，可以看作是一种经验的积累（Miller & Shamsie，1996）。

　　下面利用 i-VRIO 框架对系统性技术知识资源进行分析。系统性技术知识资源是一种存在与组织环境的技术知识，它提高了企业对创新过程中各个反馈环节的协调能力，因此，一方面这种资源能够提高新产品开发的效率，从而降低了创新的成本，另一方面系统性技术知识资源还能够降低产品开发失败的概率，即降低了创新的风险。这就是说系统性技术知识资

---

　　①　虽然，在产品研发中也可能存在一些特定知识，它们的作用很明确（比如，一项专利技术在产品开发中相对独立地发挥作用），但是，这里要强调的是，整个研发过程中存在大量相互密切关联的过程，这些过程中所体现的知识对创新的作用，几乎难以独立地发挥出来。

源对于企业创新是有价值的。其次，创新过程如此复杂（Fagerberg & Verspagen，2002），以至于对创新过程中各个环节进行高效地协调非常重要，所以，系统性技术知识资源必然是稀缺的。最后，系统性的技术知识资源是一种协调创新过程中各个反馈环节的知识，它十分依赖企业的组织环境，是一种经验的积累，因此可以认为，这种资源将是难以模仿，也很难在不同企业间进行扩散。总之，系统性技术知识资源对于创新是有价值的、稀缺的和难以模仿的，根据资源基础理论的观点，这种资源如果能被充分利用，就可以成为企业的一种创新优势。下面，从创新动力和创新活力两个维度对系统性技术知识资源进行分析，并提出相应的理论假设。

首先，在创新活力方面，开发和利用系统性技术知识资源能够降低创新的成本和风险，并且这种资源是稀缺的、难以模仿的，所以，拥有这种资源的企业应当更倾向于进行创新活动，于是可以得出假设：

H3 - a：系统性技术知识资源能够提高企业的创新活力

其次，在创新程度方面，系统性技术知识资源能够提高创新过程中各个环节的协调效率，因此在开发新颖程度较高的产品时，有助于开发过程的顺利进行，从这个意义上说，拥有系统性技术知识资源的企业应当具有较高的产品创新程度，所以提出假设：

H3 - b：系统性技术知识资源能够提高企业的创新程度

三　需求信息资源与企业创新

根据创新动力机制研究的文献，需求在创新中起着重要作用（Tripsas，2008），大量实证分析也说明需求因素在提高企业创新绩效中的显著作用（Arvantis & Hollenstein，1994；Langerak et al.，2004；Atuahene-Gima et al.，2005；Feng，et al.，2010）。在具体的商业实践中，企业可以通过市场调研、客户反馈等方式收集产品相关的数据，经过加工整理后得到较为清晰的需求信息，这些信息为创新提供了某种指示（诺兰等，2007），从而能够对创新产生积极作用，这说明企业获取市场需求情况的过程是一个得到"信息"的过程。这里对信息的强调，是为了将它与"知识"区别开。本书认为，创新是企业对市场需求的一种反应，是一个被动的过程，在一般情况下，创新并不是去改变客户的需求，而是根据这种需求调整企业自身的战略，例如，利用技术资源进行创新，得到性能更优良的产品以满足某种需求（李仪，2013）。而且，企业对于市场需求情况的了解也不总是正确的（Paladino，2008），这就意味着"需求信息"并不一定具备"正确性"，所以，它不能被看作是一种"知识"。因此，在本书的概念框架中，提出的是"需求信息资源"而不是"需求知识资源"。

在商业活动中，有的企业能够掌握更丰富的需求信息，而其他企业则不能（诺兰等，2007）。从资源基础理论的观点看，这说明那些能够获得丰富需求信息的企业具有某些特定的资源，这种资源使它们获得更多信息。基于这种解释，本书所提出需求信息资源，是指那些能够帮助企业获取需求信息的企业资源。例如，庞大而完善的销售网络能够使企业更多地与客户进行接触，这种接触将有利于收集更多的需求信息，因此，这种良好的销售网络就是一种需求信息资源。在比如，较高的市场占有率意味着企业能够比竞争对手获得更高的销售额，也就更有机会得到客户的反馈，获得更多的需求信息，所以，较高的市场占有率也可能是企业的需求信息资源。

在本书的研究中，对需求信息资源不再从独立性和系统性的角度进行分类，这是因为，一般来说，企业是作为一个整体获取需求信息，虽然诸如销售网络、市场占有率等因素能够被识别出来，但是这些因素（或称企业资源）对于创新的作用显然不能脱离特定的企业环境（诺兰等，2007），从这个意义上说，需求信息资源普遍具有"系统性"的特点，所以，也就没有必要再从"独立性"和"系统性"的角度进行分类。

下面利用 i-VRIO 框架对需求信息资源的特性进行分析。首先，需求信息对于创新至关重要，企业必须在了解准确的市场需求后才能够增加创新成功的概率，而那些忽视了需求的新产品一般都会面临失败（Droge et al.，2008），从这个意义上说，丰富的需求信息能够降低创新的风险。需求信息资源有助于使企业获取更多的需求信息，从而更准确地掌握客户对产品的偏好，发掘潜在的商业价值，所以，需求信息资源对于企业创新来说是有价值的。其次，在激烈的竞争中，并不是所有企业都能有充分的机会获得市场需求信息，很多企业都在为更好地了解客户需求或市场变动而付出高额的成本，甚至很多市场需求信息被当作商业秘密而得到严格的保护（诺兰等，2007），这表明并不是所有企业都能够有充足的资源来获取需求信息，因此，需求信息资源是一种稀缺资源。最后，由于需求信息资源的获得需要一个长时间的过程，这种资源是通过大量积累逐渐形成的，而且在某些情况下，还可能存在着路径依赖性（Kirner et al.，2009），所以，需求信息资源是难以复制的。总之，需求信息资源对于创新是有价值的、稀缺的和难以模仿的，按照资源基础理论的思路，这种资源如果能被充分利用，便成为企业的一种创新优势。下面分别讨论需求信息资源对创新动力和创新程度的作用，并提出理论假设：

H4 – a：需求信息资源能够提高企业的创新活力

对于创新活力来说，需求信息资源能够帮助企业更好地了解客户新需求，也能获得更多关于产品的反馈，这一方面提供了企业的创新激励，另一方面也能够使新产品开发的目标更明确。而且，这类资源通常是稀缺的、难以模仿的，如果利用这类资源进行创新，那么企业将获得持续的竞争优势。所以，拥有这类资源的企业更有可能进行创新，于是得到假设：

H4 – b：需求信息资源能够提高企业的创新程度

对于创新程度来说，需求信息能够使企业准确判断那些新颖性较高的产品是否能够被市场接受，避免出现技术过于先进而与现实需求不符合的情况，同时当发现新的需求时也能够使企业及时进行新产品开发，尤其是，如果新的需求能够被企业所拥有的较先进技术所满足，那么这种技术将很容易得到应用，从而出现创新程度较高的产品，于是可以推断：

以上，利用创新动力机制研究和知识管理理论的研究成果，从技术与需求、知识与信息、独立性与系统性，这几个角度对企业的创新资源进行了分类，提出了独立性技术知识资源、系统性技术知识资源、需求信息资源，这三个构念（construct）用以对创新优势的具体内容进行分析。并且，借助本书所提出的 i-VRIO 框架对这三类资源的特性分别进行了论述，分析了它们对创新活力和创新程度的影响，提出了相应的理论假设。

第四节　竞争压力与企业创新

创新作为一种竞争战略，受到市场环境的显著影响（Atuahene-Gima et al.，2005；Arora & Nankumar，2012），因此，对创新的分析不应忽视市场的作用，尤其是，本书的研究样本选取了创业板上市公司，它们是处于激烈竞争环境的中小型企业，这就更需要考虑市场竞争对于创新的作用。本书以"竞争压力"表达企业所面临市场竞争的激烈程度，这种压力既可能来自当前的竞争，也可能来自潜在的竞争。

一　竞争压力对创新的作用

（1）创新活力方面。在技术快速变迁的时代（Sainio et al. ，2012），面对激烈的市场竞争，富有创新性的企业能够通过提供更优秀的产品或服务而取得优势地位，而不创新则意味技术的停滞，随之而来的将是竞争劣势（王娜等，2010）。已有实证研究表明，处于竞争环境下的企业表现出更强的创新性（Langerak et al. ，2004；Narver et al. ，2004；De Luca & Atuahene-Gima，2007），因此，市场竞争压力对企业创新具有促进作用，于是提出假设：

H5 - a：竞争压力对创新活力产生正向影响

（2）创新程度方面。当企业面临较强的竞争压力时，通过发布更新颖的产品，有助于获得良好的竞争地位（Koberg et al. ，2003），从这个角度说，竞争压力能够对创新程度产生促进作用。但是，也有研究指出，对创新程度高的产品进行研发往往需要承担很高的风险（Li & Atuahene-Gima，2001），并且，当面临较激烈的市场竞争时，研发的失败很有可能导致严重的后果，所以，较大的竞争压力也可能阻碍创新程度的提高。通过上面的分析可以看出，当市场环境复杂多变时，竞争压力与产品创新程度之间可能会出现多种情况，也就是说，市场竞争对创新程度的作用机制非常复杂，所以，本书关于竞争压力对创新程度的关系提出 3 个理论假设，分别为：

H5 - b1：竞争压力对创新程度产生正向影响
H5 - b2：竞争压力对创新程度产生负向影响
H5 - b3：竞争压力与创新程度之间呈非线性关系

二　竞争压力对创新优势的调节作用

创新优势是能够使企业通过创新战略获取竞争优势的资源，根据本章第三节的论述，创新优势将促使企业进行创新活动。当市场环境中的竞争压力较大时，只有充分发挥自身的资源优势才能够获得良好的竞争地位（Arbussa & Coenders，2007；Lee et al.，2010），因此，竞争压力越大，拥有创新优势的企业就越倾向于进行创新，也就是说，竞争压力对创新优势具有正向调节作用（Tsai et al.，2011），于是提出一组假设：

H6 - a：竞争压力和独立性技术知识资源的交互作用与创新活力之间存在正向关系

H6 - b：竞争压力和系统性技术知识资源的交互作用与创新活力之间存在正向关系

H6 - c：竞争压力和需求信息资源的交互作用与创新活力之间存在正向关系

竞争压力与创新程度之间的关系有两个结论相反的假设，而且两种判断都有一定的道理，这表明竞争压力与创新程度之间的关系可能比较复杂，如果再把竞争压力和创新优势的交互作用考虑进来，将使分析过程更加复杂。同时，考虑到本书的研究目的是探索企业自身资源与创新行为之间的关系，已有的论述和理论假设已经能够在很大程度上回应研究问题，所以，本书不再对从创新程度方面考察竞争压力的调节作用。

第五节　本章小结

以资源基础理论的框架为基础，借鉴了创新动力机制研究和知识管理理论中的相关结论，本章分析了企业资源特性与创新之间的关系。首先，从创新活力和创新程度两个维度界定企业的创新表现；其次，基于资源基础理论的分析思路，说明创新优势是促使企业具有良好创新表现的原因；接着，根据创新动力机制研究和知识管理理论的部分结论，通过对企业资源进行分类，提出了"独立性技术知识资源""系统性技术知识资源""需求信息资源"，作为对创新优势的具体内容，并通过 i-VRIO 框架对各类资源的特性进行了分析，在此基础上给出了关于企业资源与创新表现之间关系的理论假设；最后，考虑到竞争环境对于企业创新具有不可忽视的影响，本章分析了"竞争压力"对创新活力和创新程度的影响，并论述了竞争压力对创新优势可能存在的调节作用，给出了相关的假设。总之，本章从理论上研究了企业资源与创新之间的关系，以"创新活力"和

"创新程度"作为界定企业创新表现的两个维度，通过"独立性技术知识资源""系统性技术知识资源""需求信息资源"说明创新优势的具体内容，并将"竞争压力"考虑进来，构建了分析企业创新影响因素的概念框架，图 3-1 展示了这一框架，表 3-2 总结了相应的理论假设。

表 3-2 概念框架所涉及的假设

假设	内容
H1	创新活力与创新程度之间存在正向关系
H2-a	独立性技术知识资源能够提高企业的创新活力
H2-b	独立性技术知识资源能够提高企业的创新程度
H3-a	系统性技术知识资源能够提高企业的创新活力
H3-b	系统性技术知识资源能够提高企业的创新程度
H4-a	需求信息资源能够提高企业的创新活力
H4-b	需求信息资源能够提高企业的创新程度
H5-a	竞争压力对创新活力产生正向影响
H5-b1	竞争压力对创新程度产生正向影响
H5-b2	竞争压力对创新程度产生负向影响
H5-b3	竞争压力与创新程度之间具有非线性关系
H6-a	竞争压力和独立性技术知识资源的交互作用与创新活力之间存在正向关系
H6-b	竞争压力和系统性技术知识资源的交互作用与创新活力之间存在正向关系
H6-c	竞争压力和需求信息资源的交互作用与创新活力之间存在正向关系

第四章

实证研究方法

本章将对研究样本的特征进行说明，并结合研究样本的特性为概念框架中的主要变量设计具体的测量方法，完成对创业板上市公司相关数据的收集。具体内容分为三节进行说明：第一节，介绍研究样本和数据收集过程；第二节，借鉴已有的实证研究，为本书概念框架中的变量设计测量方法；第三节，对实证研究中所用到的数量分析方法进行说明。

第一节　样本描述和数据收集

一　关于创业板上市公司基本特征的说明

本书以中国创业板上市公司为研究样本。创业板市场 GEM（Growth Enterprises Market）是地位次于主板市场（Main Board Market）的二级证券市场（Second Board Market），以美国的纳斯达克市场为典型代表，而在中国，特指深圳创业板。创业板市场主要针对创业型企业、中小型企业及高科技创新型企业的融资和发展而设立，在上市门槛、监管制度、信息披露、交易者条件、投资风险等方面和主板市场有较大区别。这主要是为了扶持中小企业，尤其是高成长性企业的快速发展，同时也为风险投资和创投企业建立正常的退出机制。创业板市场的设立为完善多层次的资本市场提供重要补充，也能够促进中小型科技企业快速发展，有利于国家自主创新战略的实施。

根据深交所网站提供的信息，截至 2013 年 12 月 31 日，创业板上市公司数量共计 355 家（公司代码从 300001 至 300356①）。本书从两个方面

---

① 公司代码为 300060 的企业，由于知识产权等问题，被停止上市，因此，300060 的代码虽然存在，但截至 2012 年 12 月，这家公司并未在创业板上市。

对这 355 家公司进行考察，将部分公司从研究样本中剔除，这两个方面
是：第一个方面是企业所处的行业，这是因为有些行业在技术创新方面与
其他行业有较大差别，例如"300027 – 华谊兄弟"属于"传播与文化产
业"，该企业所在的行业决定了它与其他行业（如信息技术业）的企业在
技术创新方面的显著不同，尤其是，这些行业在技术创新方面并不具有非
常强的代表性，公司年报和招股说明书（这两类文件是实证研究的主要
数据来源）中关于技术创新的介绍很少，因此，将它们从研究样本中剔
除；第二个方面是企业所对应的公司年报和招股说明书提供创新的信息完
整性，有些公司年报或招股说明书没有提供本研究所必需的信息（关于
这些信息的详细说明，见本章第二节），这样无法对这类企业进行数据收
集，笔者对数据来源的文件逐一研读后，将没有提供必要信息的企业从研
究样本中剔除。经过以上两方面的筛选，最终到了本书的研究样本企业
（样本容量 N = 316），占创业板上市公司总体（截至 2013 年 12 月）的
89%，可以认为对样本企业进行研究的结论，能够基本上反映创业板上市
公司在创新方面的一般性规律。

表 4 – 1　　　　　　样本企业基本特征描述（N = 316）

企业特征分类	企业数量	占样本容量比例（%）
研发强度		
小于 3%	21	6. 65
3% — 5%	132	41. 77
大于 5%	**163**	**51. 58**
年营业收入（十亿元）		
小于 1. 0	**173**	**54. 75**
1. 0—2. 0	105	33. 23
大于 2. 0	38	12. 03
资产总额（十亿元）		
小于 1. 0	**173**	**54. 75**
1. 0—2. 0	105	33. 23
大于 2. 0	38	12. 03
员工总数（千人）		
小于 1. 0	**224**	**70. 89**

续表

企业特征分类	企业数量	占样本容量比例（％）
1.0—2.0	67	21.2
大于 2.0	26	8.23
企业年龄（年）		
小于 10	113	35.76
10—15	**164**	**51.9**
大于 15	39	12.34
实际控制人属性		
国有法人	14	4.43
非国有法人	**302**	**95.57**
所属行业		
农、林、牧、渔业	5	1.58
采掘业	4	1.27
食品、饮料	4	1.27
纺织、服装、皮毛	1	0.32
造纸、印刷	3	0.95
石油、化学、塑胶、塑料	37	11.71
电子	42	13.29
金属、非金属	14	4.43
机械、设备、仪表	**106**	**33.54**
医药、生物制品	26	8.23
其他制造业	3	0.95
信息技术业	**71**	**22.47**

注：①数据来源为样本企业上市公司年报（2012 年数据），经笔者整理；②表格中黑体字表示该分类条目对应的企业占样本总数的比例较大。

根据这 316 家企业 2012 年年报的数据，从所在行业、企业规模、产权特征等方面，对这些企业进行了统计。从表 4 - 1 中可以看出：第一，样本企业主要集中于机械制造、信息技术、生物医药、电子、金属（非金属）加工等几个行业，这些行业一般是知识密集型行业（Pavitt，1984；Freel，2003）；第二，以中小型企业和民营企业为主，这些企业对市场影响力较弱，需要应对激烈的市场竞争，从产业结构和产权性质的角度来看，这些企业的相似度较高；第三，这些公司的研发投入水平较高，根据 Pavitt（1984）的观点，5% 的研发强度即属于较高的创新投入水平，而样本企业中有超过半数达到了这一标准。

另外，观察表 4 - 1 中的黑体字条目可以发现，样本企业在行业特征、企业规模和产权性质等方面的变异性并不大（黑体字条目的企业占比都高于 50%），如果从产业组织的分析视角，将企业规模、市场力量、产权结构和行业特征这几个因素作为分析企业创新的主要自变量，那么，从理论上说，将难以分离出影响创新的具体因素。但是，另一方面，通过对样本公司年报的仔细阅读，可以发现这些企业在技术专利、研发人员比例、员工中研究生所占比例、技术专家水平等方面显著不同，也就是说，各企业在所拥有的创新资源方面差异明显，因此，利用本书第三章提出的基于资源基础理论的分析框架，将研究深入到企业内部，以企业资源作为基本的分析单元，则有可能克服从产业结构角度进行研究所面临的理论问题。基于这种分析，本书依据概念框架中的理论内容对 316 家上市公司的相关特性进行了测量，为实证分析提供了必要的数据基础。

二 数据来源

本书研究的数据来源是样本企业的公司年报和招股说明书。深圳交易所网站公开了全部样本企业的"年度报告"（简称年报）和"首次公开发行股票并在创业板上市招股说明书"（简称招股说明书），这两类资料详细说明了样本企业所在行业、产品特性、技术能力、研发投入、员工情况、财务状况等众多企业信息，通过对这些信息的提取和整理，本书得到了相应的研究数据。

在数据收集上，本书借鉴了创新调查（Community Innovation Survey，简称 CIS）的做法，对样本企业近 3 年的信息进行收集。对于公司年报，尽量使用从 2010—2012 年这 3 年的资料，对于那些上市较晚的公司，如果没有提供最近 3 年的年报，则尽可能多地从资料找到近 3 年的经营情况（因为在年报中，往往会提供一些上一年的数据），而对于招股说明书，只在上市当年提供一份，因此本书尽可能从该资料中找到近 3 年的情况说明。

这里有两点需要解释：第一，企业的年度报告和招股说明书是根据证券业的相关规定（中国证券业协会，2008），对企业特定信息进行披露，所提供的信息符合较为严格的要求，因此，数据的真实性可以得到保证，同时，各家企业的相应资料（即年报或招股说明书）在格式编排和写作风格上十分接近，这方便了研究时的数据收集；第二，本研究所需要的数据，一部分能够从资料中的表格直接复制的（例如，可以直接从年报的表格中复制"营业总收入""资产总额""研究生人数"等数据），而另一部分信息需要根据资料中的说明，利用量表（scale）进行测量（关于量表的制定，见本章第二节），针对这两种不同的数据获取方式，本书分别采用了相应的收集和整理方法（详细内容，见本节的第3部分"数据的收集"）。

从方法论的角度说，本书的数据来源属于"二手数据"，对于应该如何在研究中规范使用二手数据，学者们做了比较系统的研究（陈晓萍等，2008），本书的研究设计参考了这些关于"二手数据"的研究结论。首先，从概念上说，"二手数据"是与"一手数据"相对应的，而一手数据主要满足3个特征：①数据由研究者直接收集；②数据收集的目的与研究目的直接相关；③数据收集过程中，研究者与被研究对象发生接触。与之相对，二手数据也有3个特征：①数据由他人收集；②数据收集不是直接为了本项研究；③数据收集过程中，研究者不与研究对象接触。例如，上市公司数据、企业普查数据、各类年鉴、世界银行提供的国家数据等，都属于二手数据。其次，在经济管理文献中，使用二手数据通常有4种方式：①作为辅助性数据，用来加强对研究背景的理解，或者用来确认数据的可靠性；②作为案例研究的数据收集方式；③作为一手数据的补充信息；④作为研究的主要数据来源。本书采用的是第4种形式，在这种形式中，二手数据分为两类，一类是已经以矩阵形式整理好的数据，可以直接方便地使用，另一类是以松散的文本形式出现，只用通过对文本中信息的进一步挖掘，才可以获得实证模型中可用的数据。最后，对于定性形式的二手数据，可以通过文本分析的方法识别、提取、编码变量信息，在这个过程中一般先识别关键词、某一主题或某种陈述，然后根据相应的内容进行编码，从而将定性信息转化为数据。这种方法得到数据客观性好，也容易获得较大的样本量（陈晓萍等，2008）。

以上说明了本研究的数据来源，并指出本书的数据来源属于"二手数据"，因此，对处理"二手数据"的相关研究进行了简单介绍。在此基础上，设计了收集数据的方法，下面对数据收集的过程进行详细的说明。

三 数据收集过程

本书利用公司年报和招股说明书中的信息，获取必要的数据对概念框架中的变量进行测量。根据上面的说明，一部分数据可以直接从资料中直接复制获得，而另一部分数据则需要借助测量量表（scale）对相应的题目（item）评分才能获得。下面，分别介绍这两类数据的收集方法。

（一）直接从资料中复制数据的收集过程

对于可以直接从资料中复制获得的数据，由笔者根据测量指标（关于量表和测量指标的说明，见本章第二节，本节只说明数据收集过程），从资料中找到对应的数字，然后复制、整理到数据集，获得矩阵形式的数据结构。这个复制数据的过程一共做两次，两次的时间间隔超过 1 个月：第一次对数据进行复制整理，是在 2013 年 5 月至 2013 年 7 月，第二次是在 2013 年 9 月至 2013 年 11 月。通过比对两次的数据，确保数据收集的准确性。在实际操作中，对两次数据进行一一对比，对不一致的数据重新进行核实，实际上，两次数据整理的结果具有很高的一致性（r≈1，p < 0.001，n = 316）。对于这类能够直接获取具体数值的信息，本书还要分两类分别处理：第一类数据对应实证模型中的控制变量，例如资产总额、员工总数等，对于这类数据，保持原有的数据形式不变（仅做一下量纲的变换）。第二类数据对应概念模型中主要变量的某些测量指标（例如，研究生人数占员工总数的比例，研发人员占员工总数的比例等），对这类数据，将重新编码，制成 7 点李克特量表（吴明隆，2010a）的结果。编码的具体方法是，首先，将指标数据从小到大进行排序，前七分之一的数据被编码为 1，接着的七分之一被编码为 2，依此类推，最后七分之一的数据被编码为 7，然后，再仔细观察每个等级的分界点，如果两个分界点前后的数据相差不大（例如，小于指标均值的 5%），则要重新调整等级的分界点，即在分界点附近（前后 8 条数据之内）观察数值出现明显变化的点，以该点作为得分的分界点。另外，如果指标最小值是 0，且该指标为 0 的样本数大于样本容量的七分之一，那么，这些指标是 0 的样本，在对应指标的编码中都是 1，其余的样本等分为 6 个级别，根据指标数值的从小到大，每个级别依次编码为 2—7。经过以上编码过程，可以将那些具体数字形式的指标转化为 1—7 的分数。这里将具体数值编码为 1—7 的分数，是因为以下两个原因：第一，量表中的其他非具体数值指标，都

是通过 7 级量表评分获得，为了使数据一致性需要考虑进行数据的重新编码；第二，由于要对测量进行信度和效度的检测，而本书对信度检测使用 Cronbach's α 系数（Cronbach，1951），这也需要把原始数值重新编码为 Likert 量表式的等级数据（陈晓萍等，2008）。

（二）通过评分获得数据的收集过程

对于第二种数据（借助量表评分获得），作者在制定量表后（量表的具体指标见本章第二节），邀请了相关领域的专家进行评分。这些专家分为两类，第一类是资深专家，他们是具有非常丰富商业经验的企业高管，同时具有技术、销售和管理的相关经验，其中两位还具有丰富的风险投资经验，对科技型企业的成长和发展具有比较深刻的理解；第二类是评分专家，他们是在各自行业内有丰富技术研发经验或者销售管理经验的企业中高层。表 4 - 2 对专家的情况进行了概括。

表 4 - 2　　　　　　　　参与指标评分的专家特征描述

特征分类	专家数量	
	资深专家（$N_1 = 3$）	评分专家（$N_2 = 20$）
所在行业[a]		
电子	0	4
信息技术	1	4
医药、生物	1	4
机械制造	1	4
化工	0	4
工作经验		
大于 15 年	3	0
5—15 年	0	18
3—15 年	0	2
最终学历		
博士	0	3
硕士	3	17
业务领域[b]		
技术研发	3	10
市场营销	3	10

注：[a]资深专家可能有多个相近领域的经验，这里仅反映经验最丰富的行业。[b]笔者邀请的 3 位资深专家在技术和营销方面都具有丰富的经验。

在进行数据收集时，笔者先随机选取了 30 个样本企业，和资深专家讨论这 30 家企业对应测量题目的分数，在经过反复讨论后，确定这 30 个样本测量题目的分值，并认为这些分数具有较高的可信度。然后，将所有样本的对应（年报和招股说明书）根据行业进行分类，并对每份资料中关于企业技术水平、市场营销、市场竞争、新产品介绍等信息的部分做上明显标记的书签，将资料的电子版送至各个评分专家。接着，作者组织了两次会议，给评分专家们详细说明了每个量表的含义，确保他们能够充分理解测量题目的实际内容，并能够从对应的资料内容找到信息对题目评分。这里有几个细节需要说明。

第一，评分专家一共来自 5 个行业，这 5 个行业所对应的样本企业占样本总量的 80% 以上，而样本企业一共来自 12 个行业（见表 4 - 1），为了提高测量的准确性，作者将小行业（即对应样本数较少的行业）与大行业（即对应样本数较多的行业，也就是评分专家所对应的那 5 个行业）进行了归并，在分配评分任务时，评分专家也要负责对所归并的小行业的样本企业进行评分，具体的归并方式见表 4 - 3。

表 4 - 3　　　　　　评分时对近似行业的企业进行归并（N = 316）

大行业	小行业	归并后企业数
电子	—	42
机械、设备、仪表	采掘业；其他制造	108
石油、化学、塑胶、塑料	金属、非金属；造纸、印刷；纺织、服装、皮毛	64
信息技术	—	71
医药、生物	农林牧渔；食品、饮料	31

第二，每个行业的评分专家是 4 人，其中技术研发和市场营销各有两人，在分配具体评分任务时，技术研发的评分专家只完成"独立性技术知识资源""系统性技术知识资源"和"创新程度"这 3 个变量相关的评测题目，而市场营销方面的评分专家负责"需求信息资源"和"竞争压力"这两个变量相关的评测题目。由于每个行业各有技术研发和市场营销的两个专家，因此，每个样本的评测题目都会被不同的两位专家进行评

测。此外，为了检验测量的再测信度（陈晓萍等，2008），作者要求每位评分专家对各自的题目做两次评分，两次评分的时间间隔超过 1 个月，第一次评分是在 2013 年 10 月（三个星期内完成了全部的评分），第二次评分是在 2013 年 12 月（这次一共用了 4 个星期）。作者对每位专家的两次评分做相关性检验，检验结果说明测量具有满意的再测信度（$r = 0.95$，$p < 0.01$，$n = 316$）。

第三，每位评测专家的题目中都有一些题目被资深专家认真评测过，通过将评分专家的得分与资深专家的分数进行比较，从而判断评分专家评分的准确性。将两类得分进行对比，发现区别并不明显，而且两组数据有较高的相关性（$r = 0.91$，$p < 0.01$，$n = 30$），这表明所有评分专家的分数与资深专家的评分基本一致，说明了评分专家的分数具有较高的准确性，也反映出测量量表具有较好的信度（陈晓萍等，2008）。

第四，将每位专家的两次评分取平均值（四舍五入，取整数部分），作为题目的最终得分，但是，作者也仔细检查了每个题目的 4 个分值（由于每个题目由两个专家进行两次评分，将得到 4 个分值），对于相差较大的题目（最高分值比最低分值大 3 分以上），重新请资深专家给出最终分数（这样的题目一共只有 25 个，占全部题目的比例小于 1%）。

本节详细介绍了研究样本、数据来源和数据收集过程。下一节将基于概念模型中主要变量的理论含义，参考已有的研究文献，对各变量的测量方法（即测量指标的确定）进行详细的说明。

第二节　测量方法

基于概念框架和相应的理论假设，通过对变量进行测量获得数量信息，就可以借助实证方法直观、精确地研究变量间的关系，从而对所提出的理论假设进行检验（陈晓萍等，2008）。本节先简单介绍经济管理研究中，关于测量方法的基本概念和理论，然后，基于这些规范的测量理论，详细说明本书概念框架中 6 个主要变量和控制变量的测量方法。

关于测量的定义，Stevens（1968）认为"测量是研究者根据一种规则或惯例，用数量的方式描述研究对象所具备的某种特征或行为"，对测量的基本要求就是，对具体指标赋予的数字必须能够准确地反映测量对象的特征或行为。在测量中，需要用学术化的语言来抽象、概括所要研究的现象，并把这种学术概念进行操作化（operationalization），将之变成可以量化的指标（indicator）。经济学的理论或假设在于分析变量或概念之间的关系，但是相当多的概念往往无法直接观测，例如技术水平、组织结构、核心能力等（陈晓萍等，2008）。在文献中，以"构念"一词来描述、抽象研究对象的这些特质或属性。而测量的目的在于，根据研究者对理论构念的理解和定义，把抽象的概念具体化，找到合适的测量指标（indicator），对这些构念所代表的现象进行科学的描述。绝大多数的测量都是间接的，也就是说，理论研究中对很多概念是无法直接测量的（这些概念也被称为"构念"），而是需要通过与之相联的指标进行间接测量（陈晓萍等，2008）。在经济管理的研究中，有两种不同测量指标用来测量理论构念：反映型指标（reflective indicator）和形成性指标（fonnative indicator）。根据 MacKenzie 等（2005）的研究，如果测量指标只是作为构念外在的表现形式，则称之为"反映型指标"，这类测量指标通常反映了一个共同的理论构念。因果关系是由构念指向测量指标的，在构念发生变化时，测量指标也随之发生变化。因为测量指标（indicator）或题目（item）之间存在很大的共同变异，所以它们之间是高度一致的，任何两者在测量上都可以互换。删除了某个指标，不会改变测验内容的完整性。"形成性指标"是指测量指标说明了理论构念的不同方面，构念的意义存在于对这些指标的整合基础之上（MacKenzie et al.，2005）。对于这类测量模型而言，因果关系是从指标指向构念，而不是相反。这些形成性测量指标作为一个整体共同决定了构念的意义。如果缺少某个测量指标，则我们对构念的估计就是不完整的。目前，关于企业创新的文献中，大量使用反映性指标对概念进行测量（Amara & Landry，2005；Jensen et al.，2007；Kok & Biemans，2009；Garcia-Perez & Ayres，2010），本书根据所提出概念的特点，也使用这一类型的指标进行变量的测量。

在概念框架中的 6 个主要变量中，"创新活力"是从数据来源的资料中直接复制获得，而其他 5 个变量则需要通过 7 级 Likert 量表评分的方式进行测量，对于这 5 个变量，数字 1—7 依次表示测量指标的程度由最弱到最强（一共分为7个等级），或者评分专家对测量题目的肯定态度由弱到强，例如，测量指标"具有研究生学历的员工占员工总数的比例"，如果评分为1，说明对应的样本公司中研究生员工比例很低（或者为零），如果评分为4，则说明具有研究生学历的员工比例为中等水平，而如果分数为7，则说明相对其他企业来说具有很高比例的研究生员工，再比如，测量指标"该企业具有完善的研发体系"，如果评分为1，说明评分专家对此判断非常不认同，表明该样本企业的研发体系很不完善，如果评分为4，说明评分专家对此题目的判断持中立态度，表明该样本企业研发体系的完善程度属于中等水平，而如果评分是7，则意味着该企业具有非常完善的研发体系。另外，实证分析中的控制变量所用的量化指标，直接来自于样本公司的年报，可以直接复制获得。下面就分别对本书所提出的6个主要变量和控制变量的测量方法进行说明。

一　创新活力

在本书的概念框架中，创新活力用来表示企业对创新的积极程度，如果企业从事创新活动较多，那么就说明它具有较高的创新活力。通过总结与创新活力有关的文献（张军，2004；邵汝军、胡斌，2008），可以发现研发投入反映了一个企业在创新方面的积极程度（吴延兵，2007），创新投入越高说明企业用于创新的资源越多，必然使大量企业活动围绕创新展开（OECD，2008），表现出较强的创新活力。另外，关于产业层面的研究，也从研发投入的角度说明创新的积极程度（Shane & Ulrich，2004），这也表明研发投入和创新活力具有较高的相关性。而在众多创新投入的量化指标中，研发强度被使用得最多（Becker & Dietz，2004；Aw et al.，2007；De Luca et al.，2010；Ciftci & Cready，2011），在企业层面、产业层面、国家层面的创新研究中，研发强度都是一个非常重要的指标（Becheikh et al.，2005；OECD，2005；Cohen，2010），因此，研发强度是一个衡量创新投入，进而成为对创新活力进行测量理想指标。基于以上的分析，本书在对创新活力进行测量时，使用单独一个量化指标，即企业的研发强度，具体的计算方法是，用企业的研发支出除以企业当年的销售总额。这个指标在样本公司的年报中直接提供，通常是在年报的"董事会报告"这一章下的

"报告期内主要经营情况"中直接给出,在收集数据时,作者找到对应的数据,直接从资料中复制。另外,对于每个样本企业,记录最近三年的研发强度,然后以最近三年研发强度的均值作为最终的数量指标。由于在年报会在"报告期内主要经营情况"这一节的"研发支出"条目中,直接给出最近3年的研发支出情况(包括直接给出研发强度的数值),因此,这个指标可以从2012年的年报中直接获取。表4-4总结了对创新活力进行测量相关说明。

表4-4 创新活力的测量方法

变量	测量指标	测量指标简称	数据来源	指标选取的理论依据
创新活力	企业当年研发支出占营业收入比例	研发强度	公司年报中"报告期内主要经营情况"这一节的"研发支出"条目	Becker & Dietz(2004); Aw et al.(2007); De Luca et al.(2010); Ciftci & Cready(2011)

二 创新程度

创新程度用来说明一种新产品在多大程度上不同于其他同类产品,这种"不同"往往是技术上更先进,性能更优越。《牛津创新手册》(Fagerberg et al.,2006)中认为创新可以分为"渐进式创新"(incremental innovation)和"突破式创新"(radical innovation),前者表示对已有产品进行少量的改善,而后者则在技术上有明显的不同,甚至是"质"的提升。根据《创新手册》(OECD,2005)的说明,新产品的新颖程度(novelty)可以分为"对于企业本身来说是新的""对于市场来说是新的""对于全世界来说是新的"这3个等级依次升高的层次。在关于产品新颖度(novelty of product)的实证研究中,通过对已有文献(Koberg et al.,2003;Amara & Landry,2005;Tripsas,2008)的研究结果进行分析,可以看出目前关于产品创新程度的评测方法主要集中在产品的新颖性和差异性、技术的先进性和复杂性、仿制的困难程度等几个方面(Govindarajan et al.,2011;Sainio et al.,2012;Zhou & Li,2012)。本书在对创新程度进行测量时,数据来源局限在上市公司年报和招股说明书，因此考虑到数据的可得性问题，利用"产品的新颖性""产品在技术上的先进程度"和"产品被模仿的技术难度"这三个指标对创新程度进行测量。对这三个指标进行评分的信息，来自两个部分：第一，在公司年报中，"董事会报告"章节下关于研发投入和发展规划的说明；第二，在招股说明书中，"业务和技术"章节下关于样本公司的竞争地位和核心技术的说明。这里需要说明的是，不同于直接从资料中复制的数量化指标，创新程度的三个测量指标需要评分专家进行评分，在评分过程中，并不是对样本公司近3年的情况分别评分，而是综合近3年的情况（对于那些只有近2年或近1年年报的公司，则分别总结近2年或1年的情况），只给出一个分数作为对应指标的得分。表4-5总结了对创新活力进行测量相关说明。

表4-5 创新程度的测量方法

变量	测量指标	测量指标简称	数据来源	指标选取的理论依据
创新程度	企业的新产品与其他同类产品相比所具有的新颖程度	产品新颖性	（1）在公司年报中，"董事会报告"章节下关于研发投入和发展规划的说明；（2）在招股说明书中，"业务和技术"章节下关于样本公司的竞争地位和核心技术的说明	Koberg 等（2003）；Amara 和 Landry（2005）；Tripsas（2008）；Govindarajan 等（2011）；Sainio 等（2012）
	企业的新产品与其他同类产品相比在技术上的领先程度	技术先进性		
	竞争对手模仿企业新产品的难度	模仿难度		

三 独立性技术知识资源

独立性技术知识资源是指不依赖于组织环境而能够体现创新价值的某些技术资源，这类资源通常具有技术上的独特性，但并为得到充分开发利用，也正是这个特点使得其能够相对独立地发挥创新价值。根据对概念的表述可以明确，首先，独立性技术知识资源是技术方面的企业资源，其次，这类资源体现了某种技术上的特殊品质，因而能够一定程度脱离组织环境体现创新的价值。通过对创新研究的文献进行整理，发现技术知识资源可以从两个方面得到体现：人力资源方面（Jaw et al.，2006）和无形资产方面（Park & Lee，2006）。在人力资源方面，通常选择员工教育水平（Wu & Shanley，2009），领域专家数量（Hess & Rothaermel，2011）等指标，而在无形资产方面，则使用专利（Breschi et al.，2000）、专有技术（Ceccagnoli，2009）等指标。另外，Jensen等（2007）关于知识的形式（form of knowledge）和创新模式（innovation mode）之间关系的研究，说明基于科学的知识（相对于基于经验的知识来说）对组织的依赖程度较低，这类知识可以通过"技术专家""企业外部研究人员"等指标进行测量。通过整理相关研究文献，并考虑到本书的主要数据来源仅限定在样本企业年报和招股说明书，因此，使用"研究生学历员工占员工总数比例""技术专家水平""拥有专利和专有技术""科技获奖情况"，这4个指标对样本企业的独立性技术知识资源进行测量。研究生和技术转家都是人力资源方面的因素，而且这两个指标都一定程度上体现了"基于科学的知识"，从而可以相对独立地体现创新价值。而且，研究生和专家除了具备一般技能外，更重要的是他们在某些领域具有特殊的研究经历或科研成果，这些因素本身就具有一定的创新价值，对组织环境的依赖程度较小。而"专利和专有技术""科技获奖情况"这两个指标，是从无形资产的角度表明企业的创新资源，这两个指标都反映样本公司所具有的某些独特技术，而且专利和专有技术、科技获奖可以看作是"基于科学的知识"，它们也可以相对独立于组织环境而体现创新价值。

对以上4个指标进行评分的信息来自两个部分：第一，在公司年报中，"董事会报告"章节下关于无形资产的说明和"董事、监事、高级管理人员和员工情况"章节下关于企业高管和员工情况的说明；第二，在招股说明书中，"业务和技术"章节下关于样本公司的无形资产、研发情况、研发人力资本的说明。需要说明的是，这4个指标中，"研究生学历员工占员工总数比例"的分值获取过程是，首先从资料（公司年报）中直接复制获得研究生学历占员工总数的比例（具体数值，例如17%），然后，将样本公司根据这个数值进行升序排列，分为7个等级，等级最低的计为1分，等级最高计为7分（更具体的说明，见本章第一节"样本描述和数据收集"的相关介绍）。对于其他3个指标，则由评分专家进行评分，指标的得分越高说明样本公司拥有相应资源的水平越高。表4-6总结了对独立性技术知识资源进行测量相关说明。

表4-6　　　　　　　　　　独立性技术知识资源的测量方法

变量	测量指标	测量指标简称	数据来源	指标选取的理论依据
独立性技术知识资源	企业员工中具有研究生学历的人数占员工总数的比例	研究生比例	（1）在公司年报中，"董事会报告"章节下关于无形资产的说明和"董事、监事、高级管理人员和员工情况"章节下关于企业高管和员工情况的说明；（2）在招股说明书中，"业务和技术"章节下关于样本公司的无形资产、研发情况、研发人力资本的说明	Jaw 等（2006）；Jensen 等（2007）；Alegre 等（2011）；Hess 和 Rothaermel（2011）；Nag 和 Gioia（2012）
	与其他企业相比，该企业所拥有的技术专家在相应领域中的研究水平	专家水平		
	与其他企业相比，该企业在专利、软件著作权、专有技术方面所体现的技术水平	专利和专有技术		
	与其他企业相比，该企业在获取科技成果奖方面所表现出的技术水平	科技获奖		

四　系统性技术知识资源

系统性技术知识资源指一类与企业的组织环境密切相关的创新资源，这类资源的价值需要依托组织环境得以发挥，它体现了企业对创新过程的各个反馈环节的协调控制能力，是一种基于创新经验积累、能够提升企业对新技术开发利用水平的技术知识资源。系统性技术知识资源一定程度上表明了企业研发体系的整体情况，并不单独强调某一具体环节。有大量文献研究了"经验"对创新的影响（Hobday，2000；Kim & Nelson，2000；Villar et al.，2012），这样实证分析表明，企业的研发项目和新产品开发与企业的研发经验具有很高的相关性，而且，根据 Miller 和 Shamsie（1996）的研究，系统性技术知识资源是与企业的项目经验有关，通过研发项目能够积累经验，这些经验可以帮助企业对创新过程中的众多复杂环节进行高效的处理，从而形成系统性技术知识资源。从这个意义上说，虽然研发项目和新产品的开发并不是仅仅由企业的系统性技术知识资源决定，但是，这两个方面的信息能够反映企业在研发过程中的经验积累，尤其是，这能体现企业对于创新过程中复杂环境的协调能力，所以，可以用这两个方面的信息对系统性技术知识资源进行测量。除此之外，从人力资源的角度看，很多文献都使用"研发人员数"或"研发人员占员工总数比例"作为研究企业创新的自变量（Jaw et al.，2006；吴延兵，2007）。根据本书关于系统性技术知识资源的论述，研发人员数量越多，说明企业在管理研发过程中需要完成的具体细节就越多，也就需要更有效的协调能力，并且，研发人员作为一个团队，从整体上体现企业的创新能力，因此，研发人员的数量指标也能一定程度反映企业的系统性技术知识资源，本书以"研发人员占员工总数的比例"作为测量系统性技术知识资源的一个指标。最后，企业的研发体系承载着一系列重要的创新活动（诺兰等，2007），该体系的完善程度与企业创新关系密切（诺兰等，2007；韩宇，2009），而且，研发体系是企业组织架构的一部分，它对于创新的价值需要依赖整个组织环境，因此，本书将"研发体系的完善程度"作为测量系统性技术知识资源的第 4 个指标。对以上 4 个指标进行评分的信息来自两个部分：第一，在公司年报中，"董事会报告"章节下关于近期经营情况和研发投入的说明，以及"董事、监事、高级管理人员和员工情况"章节下关于员工情况的说明；第二，在招股说明书中，"业务和技术"章节下关于样本公司的技术和研发情况的说明。

在这 4 个指标中，"研发人员占员工总数的比例"的分值获取过程是，首先从资料（公司年报）中直接复制获得研发人员占员工总数比例的具体数值（如 26%），然后，将全部样本企业根据这个数值进行升序排列，并分为 7 个等级，等级最低的计为 1 分，等级最高计为 7 分（更具体的说明，见本章第一节"样本描述和数据收集"的相关介绍）。对于其他 3 个指标，则直接由评分专家进行评分，指标的得分越高说明样本公司拥有相应资源的水平越高。表 4-7 总结了对系统性技术知识资源进行测量相关说明。

表4－7　　　　　　　　　　系统性技术知识资源的测量方法

变量	测量指标	测量指标简称	数据来源	指标选取的理论依据
系统性技术知识资源	与其他企业相比，该企业在新产品开发中所体现出拥有研发经验的丰富程度	新产品经验	（1）在公司年报中，"董事会报告"章节下关于近期经营情况和研发投入的说明，以及"董事、监事、高级管理人员和员工情况"章节下关于员工情况的说明；（2）在招股说明书中，"业务和技术"章节下关于样本公司的技术和研发情况的说明	Miller 和 Shamsie（1996）；Zahra 和 George（2002）Wiklund 和 Shepherd（2003）；Jensen 等（2007）；Arbussa 和 Coenders（2007）；Durst 和 Edvardsson（2012）
	与其他企业相比，该企业在研发项目中所体现出拥有研发经营的丰富程度	研发项目经验		
	该企业研发人员占员工总数的比例	研发人员比例		
	与其他企业相比，该企业研发体系建设的完善程度	研发体系		

五　需求信息资源

需求信息资源指能够使企业获取更多需求信息的企业资源。根据 Tripsas（2008）的研究，企业可以通过与客户的深入交流获得产品改进的信息，从而促进新产品的研发。而 De Luca 等（2010）认为，那些具有良好品牌效应和完善营销体系的企业更容易获得丰富的市场信息。另有研究（诺兰等，2007）指出，企业获取需求信息是一个成本较高的经营活动，需要大量的资金投入。通过总结当前的研究文献可以发现，为了获取更多的需求信息，企业应具有良好的市场营销渠道（Joshi & Sharma，2004；Feng, et al.，2010）、较高的市场占有率（Narver et al.，2004；Arora & Nandkumar，2012）、良好的品牌效应（Langerak et al.，2004），同时还需要有充分的资金投入（Kok & Biemans，2009）。本书对企业需求信息资源的测量，就是从这几个方面设计数量指标。第一个指标是"销售费用占企业总收入的比例"。一般来说，当一个企业具有相对多的机会进行销售活动时，意味着它有更多机会获取需求信息，同时也需要支付更高的销售费用，所以，可以认为销售费用较高的企业，在获取需求信息方面具有资源上的优势。第二个指标是"品牌的知名度"，良好的品牌能够综合反映出某一产品获得了有利的市场地位，这也通常意味着企业市场营销方面具有的资源优势，具有这种优势则可以说明企业在获取需求信息方面具有某些特殊资源。第三个指标是"市场占有率",占有市场份额较高的企业,将获取较多的市场反馈信息,这是其他企业难以获得的,这类信息是宝贵的需求资源,对于产品创新有着重要意义,所以较高的市场占有率也是一种需求信息资源。最后一个指标是"营销渠道的广阔程度",一般来说,庞大的营销渠道意味着与更多客户的接触机会,因此也就更容易获取各方面需求信息,所以,广阔的营销渠道是企业一项重要的需求信息资源。对以上4个指标进行评分的信息来自两个部分:第一,在公司年报中,"董事会报告"章节下关于年度经营情况和费用的说明;第二,在招股说明书中,"业务和技术"章节下关于样本公司的竞争地位和主营业务情况的说明。

在4个指标中,"销售费用占企业总收入比例"这一指标得分的获取过程是,首先从资料(公司年报)中直接复制获得销售费用占企业总收入比例的具体数值(如15%),然后,将全部样本企业根据这个数值进行升序排列,并分为7个等级,等级最低的计为1分,等级最高计为7分(更具体的说明,见本章第一节"样本描述和数据收集"的相关介绍)。对于其他3个指标,则直接由评分专家进行评分,指标的得分越高说明样本公司拥有相应资源的水平越高。表4-8总结了对需求信息资源进行测量相关说明。

表4-8 需求信息资源的测量方法

变量	测量指标	测量指标简称	数据来源	指标选取的理论依据
需求信息资源	该企业的销售费用占当年营业收入的比例	销售费用比例	(1)在公司年报中,"董事会报告"章节下关于年度经营情况和费用的说明;(2)在招股说明书中,"业务和技术"章节下关于样本公司的竞争地位和主营业务情况的说明	Joshi 和 Sharma (2004); Narver 等 (2004); Tripsas (2008); Kok 和 Biemans (2009); De Luca 等 (2010); Arora 和 Nandkumar (2012)
	与其他企业相比,该企业的主要产品在市场上的知名度	品牌知名度		
	与其他企业相比,该企业产品在市场上的占有率	市场占有率		
	与其他企业相比,该企业销售渠道的广阔程度	销售渠道		

六 竞争压力

竞争压力表示企业所面临市场竞争的激烈程度，这种压力可能来自当前的竞争，也可能来自潜在的竞争。很多文献研究了市场环境对企业创新的影响（Smith et al.，2005；Crook et al.，2008；Nelson，2008；Lichtenthaler，2009；Sainio et al.，2012），通过对这些文献进行概括，可以发现主要有两个方面的因素决定企业所面临的竞争压力：技术因素和市场因素。考虑到本书的数据来源是公司年报和招股说明书，结合数据的可得性，从这两个方面一共选取4个指标对竞争压力进行测量。在技术方面，使用"新技术出现的速度"这一指标。当一个企业所使用的主要技术变化很快，以较高的频率不断涌现新技术时，这个企业就需要不断通过研发完成对新技术的掌握，跟上这种技术发展趋势，所以，新技术出现的速度越快，企业在技术方面承受的竞争压力就越大。在市场方面，本书选取了3个指标对竞争压力进行测量。第一个是"主要竞争对手的实力"。一般来说，企业的主要竞争对手实力越强，则该企业所承受的竞争压力就越大，因为，它必须能够在同强有力的竞争对手较量时，持续保持良好的经营状况（诺兰等，2007），这将是它不断承受较强的竞争压力。第二个是"市场行情变化的剧烈程度"。当一个行业变化剧烈时，处于这个行业的企业必须要不断地进行调增以适应这种变化，如果不能跟上形势的变化，就很有可能在竞争中处于劣势（韩宇，2009），所以，行情变化越激烈则企业所面临的竞争压力越大。第三个是"行业壁垒的薄弱程度"。如果行业壁垒越薄弱，则能够进入这个行业的企业数量越多，这样，薄弱的行业壁垒将导致大量的竞争者，导致更为激烈的竞争（Castellacci，2008），因此，行业壁垒的薄弱程度越大，企业所面临的竞争压力越大。以上就得到本书对竞争压力进行测量的3个指标。对这3个指标进行评分的信息来自两个部分：第一，在公司年报中，"董事会报告"章节下关于行业趋势和经营状况说明；第二，在招股说明书中，"风险因素"章节中关于技术风险和市场情况的说明，以及"业务和技术"章节下关于样本公司所处行业的基本情况和竞争地位的说明。

表4-9 竞争压力的测量方法

变量	测量指标	测量指标简称	数据来源	指标选取的理论依据
竞争压力	主要竞争对手的实力	对手实力	（1）在公司年报中，"董事会报告"章节下关于行业趋势和经营状况说明；（2）在招股说明书中，"风险因素"章节中关于技术风险和市场情况的说明，以及"业务和技术"章节下关于样本公司所处行业的基本情况和竞争地位的说明	Smith 等（2005）；Crook 等（2008）；Castellacci（2008）；Nelson（2008）；Lichtenthaler（2009）；Sainio 等（2012）
	市场行情变化的剧烈程度	行业变化		
	行业壁垒的薄弱程度	行业壁垒（逆向指标）		

在4个指标的得分，全部由评分专家评分获得：最低分是1分，中等得分是4分，最高分是7分，指标的得分越高说明样本公司所面临的竞争压力越大。表4-9总结了竞争压力进行测量相关说明。

七 控制变量

在对概念框架进行实证分析时，除了将主要的变量放入模型，还需要考虑其他一些有可能对被解释变量有显著影响的因素，通过控制这些因素能够更清晰地说明模型中主要变量之间的关系（陈晓萍等，2008）。由于创新是个复杂的过程，影响创新的因素很多（Fagerberg et al.，2006；Cohen，2010），而本书主要是从企业资源的角度分析创新的影响因素，所以，有必要根据其他实证研究的结论，对一些重要的因素进行控制。在众多文献中，以下几个变量得到较多的关注：企业规模（Mansfield，1981；Tsai & Wang，2005）、产权性质（吴延兵，2007）、资金情况（Keizer et al.，2002）、行业技术机会（Angelmar，1985；Breschi et al.，2000）。因此，本书的实证分析对这4个因素进行了控制。下面分别对这4个变量的测量指标进行说明。第一，对于企业规模，本书使用了两个指标进行测量：资产总额、员工总数，这两个指标可以从公司年报中直接复制获得，本书对样本企业近3年的相关数据进行收集，取平均值作为指标最终的数量结果（具体做法及解释，见本章第一节），这3个指标都作为控制变量放入实证模型。第二，对于产权性质，本书根据样本企业最大股东的性质将全部样本企业分为两类：国有法人控制和非国有法人控制，分类方法是，从公司年报（以2012年为准）中关于"实际控制人"的说明中，找到公司排名第一的股东，如果是股东性质是"国有法人"则归类为国有法人控制，否则归类为非国有法人控制。第三，对于企业资金情况，本书使用企业当年的"现金流量净额"作为测量指标，这个数值可以从公司年报中直接获取，与企业规模的处理方法类似，本书收集近3年的数据，取平均值作为该指标最终的数值。第四，对于行业技术机会，本书根据上市公司行业分类代码对全部样本进行了分类，然后按照Pavitt（1984）、《牛津创新手册》（Fagerberg et al.，2006）和《创新调查手册》（OECD，2005）中对于行业技术机会分类的论述，将所有样本企业所在的行业分为7个技术机会等级。其中，等级为1的行业，具有最少的技术机会，等级为4，具有技术机会的水平中等，而等级为7，则具有最高水平的技术机会。具体的分类方法，见表4-10。从表4-10中可以看出，信息技术、电子、医药和生物制品等高技术行业业在样本中占有较高比例（约44%），而农林牧渔、食品纺织等低技术行业在样本中所占比例较小（不到5%），这从一定程度上表明创业板上市公司多数属于高技术行业，创新性明显，适合作为创新研究的样本。

表4-10　　　　　样本企业所在行业的技术机会等级分类（N=316）

行业代码及名称	技术机会	企业数量	占样本容量比例（%）
G-信息技术业	7	71	22.47
C5-电子	6	42	13.29
C8-医药、生物制品	5	26	8.23
C7-机械、设备、仪表；C99-其他制造业	4	109	34.49
B-采掘业；C4-石油、化学、塑胶、塑料；C6-金属、非金属	3	55	17.41
A-农、林、牧、渔业	2	5	1.58
C0-食品、饮料；C1-纺织、服装、皮毛；C3-造纸、印刷	1	8	2.53

通过以上方法，完成对主要变量和控制变量的测量。在收集数据后，需要根据概念模型和实证研究方法论的要求对数据进行分析（如对测量的信度和效度进行检验、对变量间的数量关系进行分析等），本章的下一

节介绍研究中使用的主要数量分析方法，而在下一章将给出详细的数据分析结果。

第三节 数量分析方法

本书在实证研究中主要使用4类数量分析方法：描述性统计分析、因子分析、回归分析、结构方程模型。其中，描述性统计分析用于展示数据的整体情况；因子分析用于对变量测量的效度进行检验，本书同时使用探索性因子分析（exploratory factor analysis）和验证性因子分析（confirmative factor analysis）；回归分析用来分析被解释变量和自变量之间的数量关系，对模型中涉及的理论假设进行解释，本书主要使用层次回归分析（hierarchical regression analysis）；结构方程模型主要用来检验变量的测量模型，并进行验证性因子分析。本节对文章中这四类主要的数量分析方法分别进行介绍。

一 描述性统计分析

本书的描述性统计分析主要用来对样本的主要特征、结构（各类特征所占比例）进行说明，并给出变量的均值、标准差和相关系数等基本信息，从而对样本进行概括性描述。

二 因子分析

通过因子分析对变量测量的效度进行检验，在本书的研究过程中，先通过探索性因子分析对各量表的测量指标进行初步检验，观察是否存在需要删除的指标，然后通过验证性因子分析检验测量模型进行检验，进一步分析测量量表的效度。

探索性因子分析可以帮助确定因子数目，在分析后通过观察测量指标的聚集情况判断测量的效度，虽然探索性因子分析的结果能够在一定程度上反映测量的质量，但是该方法倾向于发现统计规律而不是验证测量的逻辑（吴明隆，2010）。考虑到变量的测量方法是基于其理论内容建立的，检验测量质量需要分析指标和变量之间的逻辑关系，所以在进行探索性因子分析后，可以通过验证性因子分析对结构效度进行数量分析（蓝石，2011）。验证性因子分析能够检验测量的逻辑，同时具有可操作性，可以用来判断预先设定的测量结构与真实数据在统计上是否一致，从而对测量的构念（construct）效度进行验证。

三　回归分析

回归分析是社会科学中研究各变量间关系的一种重要方法（蓝石，2011）。本书主要利用层次回归分析（吴明隆，2010a）来研究各主要自变量（包括调节变量）对企业创新的作用。与传统的多元回归分析相比，层次回归分析通过逐次向模型中加入变量的方式，观察模型中各关键参数的变化，从而推断相应自变量对被解释变量的作用。另外，需要针对多重共线性、序列相关性和异方差性进行回归诊断，才能够保证实证结果具有理论意义（陈晓萍等，2008）。这里简单概括本书进行回归诊断的主要方法。

（1）多重共线性的检验

多重共线性指实证模型中的自变量（包括控制变量）之间存在严重的线性相关，使得多个变量之间出现明显的共同变化趋势。检验多重共线性的通常方法是，使用方差膨胀因子（variance inflation factor，VIF）进行判断，当模型中变量所对应的 VIF 值介于 0 到 10 之间时，可以认为不存在明显的多重共线性，当 VIF 值介于 10 到 100 之间时，存在较强的多重共线性，当 VIF 的数值大于 100 时，模型存在严重的多重共线性。如果检验结果表明存在明显的多重共线性问题，则需要作出相应的处理。

（2）序列相关性（自相关性）的检验

当模型中样本数据之间的随机误差不完全相互独立时，模型存在序列相关性，有时也称为自相关性。虽然自相关性可分为一阶自相关性和高阶自相关性，但是本书实证模型所使用数据类型是横截面数据，一般情况下只需检验一阶自相关性。检验一阶自相关性的常用方法是，通过 Durbin-Watson 统计量（DW 值）来判断模型的自相关性。通常的判断标准是，当 DW 值在 2.0 附近时可以认为不存在自相关性，在本书的实证分析中，如果 DW 值介于 1.8 到 2.3 之间则排除模型存在自相关性的可能。

（3）异方差性的检验

当模型中的随机误差项之间不具有相同的方差时，模型就出现了异方差性，此时随着自变量的变化，被解释变量的方差存在明显的变化趋势。

一般可以通过描绘散点图对模型的异方差性进行判断，将标准化预测值和标准化残差值放入同一平面坐标系，观察散点图的变化分布，如果出现了明显的一致趋势，则说明模型存在异方差性，而如果散点分布不存在明显趋势，则可认为不存在异方差性。另外，可以使用计量软件（如 Eviews）通过 White 检验判断模型的异方差性。本书对异方差的检验以观测散点图为主，配合使用 White 检验。

四 结构方程模型

本书通过结构方程模型对变量测量进行验证性因子分析，检验测量模型的逻辑结构。结构方程建模是基于变量的协方差来分析变量之间关系的一种统计方法，它综合运用多元回归分析、路径分析和验证性因子分析而形成的一种数据分析工具，具有下列优点：同时处理多个因变量；容许自变量和因变量含测量误差；同时估计因子结构和因子关系；容许更大弹性的测量模型；估计整个模型的拟合程度（吴明隆，2010b）。

结构方程模型的应用可以粗略分为四个步骤：①模型建构，根据理论或以往的研究成果来建构假设的初始理论模型；②模型拟合，设法求出模型的解，其中主要是模型参数的估计；③模型评价，对模型与数据是否拟合进行检视；④模型修正，对不能很好地拟合数据的模型进行修正和再次设定。结构方程分析的核心是模型的拟合性，即研究者所提出变量间的关联模式，是否与实际数据拟合以及拟合的程度如何，从而对研究者的理论研究模型进行验证。关于如何检验结构方程模型，不同学者使用不同的方法，但主要指标比较一致。侯杰泰等（2004）认为理想的拟合指数应当具有下面三个特征：①与样本容量无关，即拟合指数不受样本容量的系统影响；②惩罚复杂的模型，即拟合指数要根据模型参数多寡而作调整，惩罚参数多的模型；③对误设模型敏感，有学者指出要保证基于拟合效果良好的模型来对理论假设进行验证，至少达到多于一个参数标准是必需的（陈晓萍等，2008）。借鉴众多学者的建议，本书参考了蓝石（2011）的研究方法，选取 CMIN/df（最小卡方值与自由度之比）、GFI（拟合优度指标）、AGFI（调整的拟合优度指标）、RMSEA（均方根渐进误差指数）这 4 个指标对模型进行评价。表 4-11 列出了通过相应参数进行评价的一般原则。

表 4 – 11　　　　　　　结构方程模型拟合度指标及理想值说明

指标	理想值	备注
CMIN/df（卡方值/自由度）	小于 3	否则模型可能删除了过多路径
p（拒绝模型的显著性水平）	大于 0.05	否则模型不能通过检验
GFI（拟合优度指标）	大于 0.9	越接近 1 越好
AGFI（调整的拟合优度指标）	大于 0.9	越接近 1 越好，应该接近于 GFI
TLI（塔克 – 路易斯指数）	0.9—1	在 0.9—1 属于理想值
RMSEA（均方根渐进误差指数）	小于 0.1	越小越好

资料来源：蓝石《现代社会科学研究中结构模型的拟合与建立》，华东师范大学出版社 2011 年版。

第四节　本章小结

本章主要对实证研究方法进行介绍，包括样本描述和数据来源、变量的测量和数量分析方法。首先，对研究样本（创业板上市公司）进行了说明，概括了样本企业在企业规模、产权特性、行业分类、现金流情况等几个方面的情况，并详细说明了从上市公司的年报与招股说明书中收集数据的过程以及在这个过程中对测量误差的控制方法，其次，根据已有相关研究，并考虑到本书数据来源的实际情况，对概念框架中的变量和控制变量制定了相应的测量方法，利用这些方法完成对样本企业的数据收集，最后，介绍了在实证研究中采用的数量分析方法，包括描述性统计分析、因子分析、回归分析和结构方程模型。

第五章

实证研究结果

在概念框架（第三章）和实证研究方法（第四章）的基础上，本章通过创业板上市公司的数据进行了实证研究，分四节对实证研究结果进行说明：第一节，对变量测量的信度和效度进行检验，确保实证模型中的变量具有较高的测量质量；第二节，建立了创新活力模型，通过该模型研究了企业创新活力的影响因素；第三节，建立了创新程度模型，通过该模型研究了企业创新程度的影响因素；第四节，对研究结果进行了概括总结。

第一节　变量测量的信度和效度

在对研究中的主要变量进行测量后，需要对测量的质量进行检验，以保证测量所得的数据真实反映了概念框架中变量的实际情况（陈晓萍等，2008）。一般通过信度（reliability）和效度（validity）这两个指标评对测量结果进行评价（吴明隆，2010a）。本节先介绍相关概念和方法，然后逐一检验概念模型中6个主要变量的信度和效度。

一　信度和效度的概念及其检验方法

一个良好的测量结果首先各个测量指标（或题目）所对应的数值具有良好的稳定性和精密度（Amara & Landry，2005），这就需要通过信度检验对测量质量进行评价。用"信度"来评价测量结果的一致性（consistency）和稳定性（stability），并估计误差对测量的影响。根据美国心理学会（American Psychological Association，1985）的定义，信度是"测量结果免受误差影响的程度"。也就是说，可以通过测量误差来估计一个测量的信度。信度也可以理解为真实数值在测量结果总所占的比例（Narver et al.，2004），测量的随机误差（random error）越大，则测量结果与真实情况之间的差距越大，所得到的测量结果也就是缺乏信度的、不可靠的。一个具备良好信度的测验不可能带有较高的随机误差。

因为变量的真实数值和误差都是难以直接测量的，所以无法直接计算信度，但是有三种间接的方法能够对其进行估计（陈晓萍等，2008）。第一种方法是，同时开发两套等效但不完全相同的量表，分别利用这两种测量方法对同一个样本进行两次测量，这两次测量结果之间的相关系数越高，则说明测量方法的信度系数越高。这种方法需要研究者发展两套量表，并且也需要更多的时间和精力对样本进行测量，实施的难度较高，所以在经济管理的研究中并不常用（陈晓萍等，2008）。第二种方法是使用重测信度（retest reliability）进行检验。具体的做法是，在两个不同的时点，使用相同的量表，对同一个样本进行两次测量，这两次测量结果的相关系数就是重测信度。两次测量结果的相关性越高，则测量的信度越高。第三种方法是评价测量的内部一致性（internal consistency），即评价测验指标之间的同质性。其中有三种常用的评价：①折半信度（split-half reliability），即把用来测量的指标或题目，分为数目相等的两半，分别独立进行测量，然后计算这两组测量数据的相关性；②库李信度，这是一种针对是非选择题型（如答对计 1 分，答错计 0 分）的二元计分法的信度估计方法，现在已经很少使用；③最常用的信度评价指标是针对李克特式量表开发的 Cronbach's α 系数（Cronbach，1951），针对同一个概念，当测量指标的数值完全不相关时，α 系数为零，而随着指标数值间相关性的提高，α 系数也随之增大。在实际应用中，α 系数的值至少要大于 0.70 才表明测量具有能够接受的信度（Hinkin，1998），也有学者 0.70 的标准提出了不同看法（Lance et al.，2006）。在本书的研究设计中，使用了后两种方法检验测量的信度，其中，关于重侧信度的检验，在本章第一节中已有介绍，本节不再重复，而对内部一致性的检验，本书使用 Cronbach's α 系数检验各变量测量的信度。

除了需要通过信度系数检验测量的稳定性、精密度和一致性，还需要判断测量指标与概念的实际含义之间是否相符，这就是需要检验构念效度[①]（construct validity）。在测量时，我们需要根据样本在指标上的情况，得出具体的数值作为对所测量构念的估计。测量指标的单一维度性（uni-dimensionality）是测量理论中一个最为基本和关键的假设，也就是说，只有当测量指标反映同一个理论构念时，所得出的观测值才是有意义的（陈晓萍等，2008）。在评价测量的构念效度时，主要方法有探索性因子分析（exploratory factor analysis，EFA）和验证性因子分析（confirmatory factor analysis，CFA）。探索性因子分析是在量表开发阶段经常使用的一种方法。当对量表的内部结构（intenal structure）缺乏清楚的理论预期时，通常需要将所有的测量指标一起进行因子分析，再根据因子负荷（factor loading）值对构念效度进行评价。测量同一维度的指标因子负荷量越大（通常需要高于0.4），且在其他维度上的因子负荷越小，则表示该指标的构念效度越高。通过探索性因子分析，可以发现与测量内容间关系较弱的指标（如因子负荷非常低等）和不符合预期的指标（如出现负向的因素负荷或最大负荷没有落在所测量的因素上等）。根据这些信息，研究者可以识别构念的内部结构，判断需要删除或增加的测量指标。在删除了不合格的测量指标后，需要重新收集数据、执行因子分析程序以进一步确认测验的内部结构。在作探索性因子分析前，需要对样本进行 KMO 检验和 Bartlett 球型度检验以判断是否可以进行因子分析。一般认为，KMO 值在0.8 以上，很适合做因子分析，在0.7 至0.8 之间勉强适合做因子分析，如果 KMO 值小于0.7 则不太适合做因子分析。Bartlett 球型度检验的统计值显著性概率小于0.01 时，可以做因子分析（陈晓萍等，2008）。由于探索性因子分析没有很强的理论指导，因此它只适合在量表开发的初期使用。在我们对测量的内部结构（如因素负荷、潜变量间的相关等）有了比较清楚的预期时，验证性因子分析是最为直接的、带有假设检验性质的分析方法，这种方法强调对测量模型的限定，在消除测量误差的情况下观察测验指标与假设模型的契合程度（model fit）。如果被估计模型与抽样数据之间的契合程度较高，则可以认为测量的构念效度通过了检验。如果

[①]　虽然从理论上说，有4 种不同的效度，即构念效度、内部效度、统计结论效度和外部效度（Cook and Campbell，1979），但是，本书所涉及的只是构念效度。除非有特殊说明，本书的效度即为"构念效度"。

两者的契合程度较弱，则需要根据模型估计过程中产生的修正指数（modification indices），判断是否可以通过改变某些限定条件提高模型的契合度。另外，因子分析对反映性指标和形成性指标都是适用的，本书的对概念的测量使用的是反映性指标（具体介绍，参见本章第二节）。探索性因子分析对于反映性指标而言，在于解释测量指标间的相关性，估计这些指标与共同成分（common factor）之间存在的共同变异；而验证性因子分析对于反映性指标而言，在于解释由潜变量指向测量指标的因果关系。

本章将根据信度和效度的概念和检验方法，逐一对概念模型中 6 个主要变量进行检验。其中，创新活力由单一指标测量，本书根据相关概念说明这一测量方法的信度和效度，而其他 5 个变量的量表均由多个指标构成，这里先通过 Cronbach's α 系数做信度检验，然后，分别通过探索性因子分析和验证性因子分析对变量的构念效度进行检验。

二　创新活力测量的信度和效度

在本书的研究设计中，创新活力与其他 5 个主要变量不同，该变量仅用一个指标进行测量，即企业研发强度（Ciftci & Cready，2011；Fagerberg et al.，2006）。这使得不能使用通常的数量方法检验评价该测量的信度和效度。但是，注意到研发强度指标的数值直接来自于公司年报，因此测量的信度可以获得保证。并且，通过对大量实证研究的比较分析（Cohen & Klepper，1996；Eberhart et al.，2004；Tsai & Wang，2005；De Luca et al.，2010；Ganotakis & Lovey，2010），同时参考了各类关于企业研发的商业案例分析（诺兰等，2007；王娜等，2010；李连利，2011），选定由研发强度测量企业创新活力，既具有坚实的理论依据又符合客观的商业实践。基于以上分析，可以认为本书对与创新活力的测量具有较好的信度和效度。

三　创新程度测量的信度和效度

本书对创新程度的测量通过 3 个指标完成，即"产品的新颖性""产品在技术上的先进程度"和"产品被模仿的技术难度"。表 5－1 给出了信度检验的结果。从表 5－1 中可以看出，量表的 Cronbach's α 系数超过 0.90，说明该量表具有良好的信度，并且，每个指标被删除后的 Cronbach's α 系数都不超过量表的 α 系数，说明不存在某一个指标与其他指标在测量的一致性上具有明显偏差（吴明隆，2010），同时，注意到每个指标的"指标—总体相关系数"均显著超过 0.80，这也说明了指标之间具有良好的一致性（蓝石，2011）。因此，可以认为本书对创新程度的测量具有较高的信度。

表 5 - 1　　　　　　　　　创新程度的信度检验（N = 316）

变量	测量指标简称	均值	标准差	指标—总体相关系数	删除该指标后的Cronbach's α 系数	量表的 Cronbach's α 系数
创新程度	产品新颖性	3.861	1.870	0.954	0.925	0.965
	技术先进性	3.921	1.996	0.911	0.958	
	模仿难度	3.804	1.887	0.908	0.958	

表 5 - 2 给出了对创新程度的测量指标进行探索性因子分析的主要结果，KMO 样本适切度数值为 0.77，Bartlett 球体检验的显著性小于 0.001，说明适合做因子分析，并且各指标的因子负荷均高于 0.90，因子积累解释变异超过 80%，表明各测量指标都反映了同一个构念，即创新程度。

表 5 - 2　　　　　　　　　创新程度的探索性因子分析

变量	测量指标简称	因子负荷	KMO 样本适切度	Bartlett 球体检验显著性	因子累积解释变异
创新程度	产品新颖性	0.941	0.768	p < 0.001	89.47%
	技术先进性	0.952			
	模仿难度	0.942			

四　独立性技术知识资源测量的信度和效度

本书对独立性技术知识资源的测量通过 4 个指标完成，即"研究生比例""专家水平""专利和专有技术"和"科技获奖"。表 5 - 3 给出了信度检验的结果。从表 5 - 3 中可以看出，量表的 Cronbach's α 系数超过 0.90，说明该量表具有良好的信度，并且，每个指标被删除后的 Cronbach's α 系数都不超过量表的 α 系数，说明不存在某一个指标与其他指标在测量的一致性上具有明显偏差（吴明隆，2010），同时，注意到每个指标的"指标—总体相关系数"均显著超过 0.80，这也说明了指标之间具有良好的一致性。因此，可以认为本书对独立性技术知识资源的测量具有较高的信度。

表 5 - 3 独立性技术知识资源的信度检验 （N = 316）

变量	测量指标简称	均值	标准差	指标—总体相关系数	删除该指标后的 Cronbach's α 系数	量表的 Cronbach's α 系数
独立性技术知识资源	研究生比例	3.503	2.100	0.891	0.945	0.957
	专家水平	3.411	2.080	0.901	0.942	
	专利和专有技术	3.826	2.082	0.886	0.946	
	科技获奖	3.870	2.071	0.901	0.942	

表 5 - 4 给出了对独立性技术知识资源的测量指标进行探索性因子分析的主要结果，KMO 样本适切度数值为 0.75，Bartlett 球体检验的显著性小于 0.001，说明适合做因子分析，并且各指标的因子负荷均高于 0.90，因子积累解释变异超过 80%，表明各测量指标都反映了同一个构念，即独立性技术知识资源。

表 5 - 4 独立性技术知识资源的探索性因子分析

变量	测量指标简称	因子负荷	KMO 样本适切度	Bartlett 球体检验显著性	因子累积解释变异
独立性技术知识资源	研究生比例	0.939	0.878	p < 0.001	88.64%
	专家水平	0.945			
	专利和专有技术	0.936			
	科技获奖	0.945			

最后，通过验证性因子分析对独立性技术知识资源测量的效度做进一步的检验。图 5 - 2 给出了测量模型的结构，表 5 - 5 给出了该测量模型的拟合结果。通过表 5 - 5 可以看出，CMIN/DF 值小于 2，显著性指标大于 0.05，无法拒绝测量模型的设定，而 GFI、AGFI 和 TLI 三个指标均大于 0.9，接近于 1，且 RMSEA 的值小于 0.1。另外，路径系数的显著性均达到 p < 0.001，以上指标表明测量模型的拟合度较高，因此验证了对独立性技术知识资源的测量具有良好的构念效度（陈晓萍等，2008）。

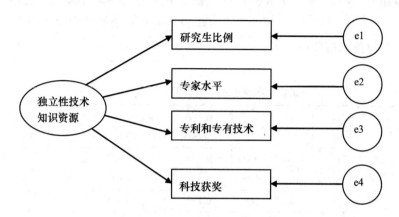

图 5 - 1　独立性技术知识资源的测量模型

表 5 - 5　　　　独立性技术知识资源的验证性因子分析

	路径	标准化路径系数	显著性
路径分析检验	独立性技术知识资源 − − − − − − > 研究生比例	0.92	***
	独立性技术知识资源 − − − − − − > 专家水平	0.93	***
	独立性技术知识资源 − − − − − − > 专利和专有技术	0.81	***
	独立性技术知识资源 − − − − − − > 科技获奖	0.93	***
模型拟合度检验	CMIN = 1.25　　　DF = 5　　CMIN/DF = 0.25　　P = 0.97	GFI = 0.998　AGFI = 0.996　TLI = 0.999　RMSEA = 0.001	

注：*** 说明路径系数显著性水平 $p < 0.001$。

五　系统性技术知识资源测量的信度和效度

本书对系统性技术知识资源的测量通过 4 个指标完成，即"新产品经验""研发项目经验""研发人员比例"和"研发体系"。表 5 - 6 给出了信度检验的结果。从表 5 - 6 中可以看出，量表的 Cronbach's α 系数超过 0.90，说明该量表具有良好的信度，并且，每个指标被删除后的 Cronbach's α 系数都不超过量表的 α 系数，说明不存在某一个指标与其他指标在测量的一致性上具有明显偏差，同时，注意到每个指标的"指标—

总体相关系数"均显著超过 0.80，这也说明了指标之间具有良好的一致性（吴明隆，2010）。因此，可以认为本书对系统性技术知识资源的测量具有较高的信度。

表 5 - 6　　　　　　　系统性技术知识资源的信度检验（N = 316）

变量	测量指标简称	均值	标准差	指标—总体相关系数	删除该指标后的 Cronbach's α 系数	量表的 Cronbach's α 系数
系统性技术知识资源	新产品经验	3.751	1.948	0.883	0.933	0.950
	研发项目经验	3.741	1.925	0.864	0.939	
	研发人员比例	4.069	1.989	0.889	0.931	
	研发体系	4.186	1.959	0.878	0.935	

表 5 - 7 给出了对系统性技术知识资源的测量指标进行探索性因子分析的主要结果，KMO 样本适切度数值为 0.87，Bartlett 球体检验的显著性小于 0.001，说明适合做因子分析，并且各指标的因子负荷均高于 0.90，因子积累解释变异超过 80%，表明各测量指标都反映了同一个构念，即系统性技术知识资源。

表 5 - 7　　　　　　　系统性技术知识资源的探索性因子分析

变量	测量指标简称	因子负荷	KMO 样本适切度	Bartlett 球体检验显著性	因子累积解释变异
系统性技术知识资源	新产品经验	0.935	0.868	$p < 0.001$	86.94%
	研发项目经验	0.924			
	研发人员比例	0.939			
	研发体系	0.932			

最后，通过验证性因子分析对系统性技术知识资源测量的效度做进一步的检验。图 5 - 3 给出了测量模型的结构，表 5 - 8 给出了该测量模型的拟合结果。通过表 5 - 8 可以看出，CMIN/DF 不超过 3，显著性指标大于 0.05，无法拒绝测量模型的设定，而 GFI、AGFI 和 TLI 三个指标均大于 0.9，接近于 1，且 RMSEA 的值小于 0.1。另外，路径系数的显著性均达到 $p < 0.001$，以上指标表明测量模型的拟合度较高，因此验证了对系统

性技术知识资源的测量具有良好的构念效度。

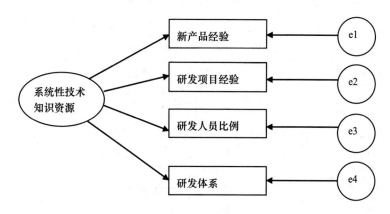

图 5 - 2   系统性技术知识资源的测量模型

表 5 - 8   **系统性技术知识资源的验证性因子分析**

路径		标准化路径系数	显著性
路径分析检验	系统性技术知识资源 - - - - - - > 新产品经验	0.92	***
	系统性技术知识资源 - - - - - - > 研发项目经验	0.93	***
	系统性技术知识资源 - - - - - - > 研发人员比例	0.81	***
	系统性技术知识资源 - - - - - - > 研发体系	0.93	***
模型拟合度检验	CMIN = 9.5 DF = 5 CMIN/DF = 1.9 P = 0.09	GFI = 0.985 AGFI = 0.970 TLI = 0.996 RMSEA = 0.051	

注:*** 说明路径系数显著性水平 $p < 0.001$。

六   需求信息资源测量的信度和效度

本书对需求信息资源的测量通过 4 个指标完成,即"销售费用比例""品牌知名度""新产品经验"和"销售渠道"。表 5 - 9 给出了信度检验的结果。从表 5 - 9 中可以看出,量表的 Cronbach's α 系数超过 0.90,说明该量表具有良好的信度,并且,每个指标被删除后的 Cronbach's α 系数都不超过量表的 α 系数,说明不存在某一个指标与其他指标在测量的一致性上具有明显偏差,同时,注意到每个指标的"指标—总体相关系数"均显著超过 0.80，这也说明了指标之间具有良好的一致性。因此，可以认为本书对需求信息资源的测量具有较高的信度。

表 5 - 9   需求信息资源的信度检验（N = 316）

变量	测量指标简称	均值	标准差	指标—总体相关系数	删除该指标后的 Cronbach's α 系数	量表的 Cronbach's α 系数
需求信息资源	销售费用比例	3.728	2.010	0.871	0.932	0.947
	品牌知名度	3.747	1.960	0.875	0.931	
	市场占有率	4.168	1.929	0.872	0.932	
	销售渠道	4.237	1.935	0.875	0.930	

表 5 - 10 给出了对需求信息资源的测量指标进行探索性因子分析的主要结果，KMO 样本适切度数值为 0.90，Bartlett 球体检验的显著性小于 0.001，说明适合做因子分析，并且各指标的因子负荷均高于 0.90，因子积累解释变异超过 80%，表明各测量指标都反映了同一个构念，即需求信息资源。

表 5 - 10   需求信息资源的探索性因子分析

变量	测量指标简称	因子负荷	KMO 样本适切度	Bartlett 球体检验显著性	因子累积解释变异
需求信息资源	销售费用比例	0.928	0.896	$p < 0.001$	86.41%
	品牌知名度	0.930			
	市场占有率	0.929			
	销售渠道	0.931			

最后，通过验证性因子分析对需求信息资源测量的效度做进一步的检验。图 5 - 3 给出了测量模型的结构，表 5 - 11 给出了该测量模型的拟合结果。通过表 5 - 11 可以看出，CMIN/DF 小于 3，显著性指标大于 0.05，无法拒绝测量模型的设定，而 GFI、AGFI 和 TLI 三个指标均大于 0.9，接近于 1，且 RMSEA 的值小于 0.1。另外，路径系数的显著性均达到 $p < 0.001$，以上指标表明测量模型的拟合度较高，因此验证了对需求信息资源的测量具有良好的构念效度。

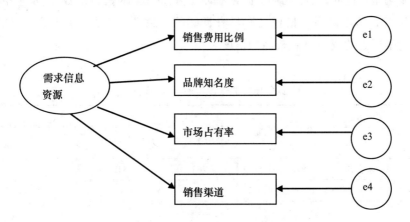

图 5 - 3　需求信息资源的测量模型

表 5 - 11　　　　　　　　需求信息资源的验证性因子分析

	路径	标准化路径系数	显著性
路径分析检验	需求信息资源 – – – – – – >销售费用比例	0.896	***
	需求信息资源 – – – – – – >品牌知名度	0.905	***
	需求信息资源 – – – – – – >市场占有率	0.907	***
	需求信息资源 – – – – – – >销售渠道	0.909	***
模型拟合度检验	CMIN = 6.34 DF = 5 CMIN/DF = 1.27 P = 0.28	GFI = 0.990 AGFI = 0.980 TLI = 0.999 RMSEA = 0.029	

注：*** 说明路径系数显著性水平 $p < 0.001$。

七　竞争压力测量的信度和效度

本书对竞争压力的测量通过 3 个指标完成，即"对手实力""行业变化"和"行业壁垒（逆向指标）"。表 5 - 12 给出了信度检验的结果。从表 5 - 12 中可以看出，量表的 Cronbach's α 系数超过 0.90，说明该量表具有良好的信度，并且，每个指标被删除后的 Cronbach's α 系数都不超过量表的 α 系数，说明不存在某一个指标与其他指标在测量的一致性上具有明显偏差，同时，注意到每个指标的"指标—总体相关系数"均显著超过 0.80，这也说明了指标之间具有良好的一致性。因此，可以认为本书对竞争压力的测量具有较高的信度。

表 5 - 12   竞争压力的信度检验（N = 316）

变量	测量指标 简称	均值	标准差	指标—总体 相关系数	删除该指标后的 Cronbach's α 系数	量表的 Cronbach's α 系数
竞争 压力	对手实力	3.918	1.961	0.783	0.842	0.889
	行业变化	4.032	1.997	0.808	0.82	
	行业壁垒 （逆向指标）	4.146	1.958	0.758	0.864	

表 5 - 13 给出了对竞争压力的测量指标进行探索性因子分析的主要结果，KMO 样本适切度数值为 0.74，Bartlett 球体检验的显著性小于 0.001，说明适合做因子分析，并且各指标的因子负荷均在 0.9 附近，因子积累解释变异超过 80%，表明各测量指标都反映了同一个构念，即竞争压力。

表 5 - 13   竞争压力的探索性因子分析

变量	测量指标 （简称）	因子负荷	KMO 样本适切度	Bartlett 球体检 验显著性	因子累积 解释变异
竞争压力	对手实力	0.905	0.74	p < 0.001	81.85%
	行业变化	0.918			
	行业壁垒 （逆向指标）	0.891			

以上展示了各测量指标的均值、方差和信度系数（Cronbach's α 系数），并通过探索性因子分析和验证性因子分析检验了变量测量的效度，根据检验数据的结果，可以认为本书对概念模型中主要变量的测量具有较高的信度和效度，测量数据能够反映概念所表达的理论内容。

第二节 创新活力模型的实证分析结果

在本书的概念框架中，企业的"创新表现"从两个维度上得到反映：创新活力和创新程度，本节对创新活力这一维度进行实证分析。基于概念框架中关于创新优势和创新活力的理论假设，建立了创新活力模型，通过样本数据完成对模型的实证分析，从而对相关的理论假设进行验证。

根据第二章的论述，企业所拥有的"独立性技术知识资源""系统性技术知识资源""需求信息资源"这 3 个变量构成了企业创新优势的主要内容，它们都对创新活力具有正向作用，而企业所面临的"竞争压力"对创新活力也有正向作用，并且，"竞争压力"作为一个调节变量对创新优势的 3 个变量具有正向调节作用。表 5 – 14 列出了创新活力模型中涉及的变量，并简述了相应假设的理论判断。

表 5 – 14 创新活力模型的变量及相关理论假设

变量类别		理论假设	假设判断
自变量	独立性技术知识资源	H2 – a	+
	系统性技术知识资源	H3 – a	+
	需求信息资源	H4 – a	+
调节变量	竞争压力	H5 – a	+
交互项	竞争压力×独立性技术知识资源	H6 – a	+
	竞争压力×系统性技术知识资源	H6 – b	+
	竞争压力×需求信息资源	H6 – c	+
控制变量			
资产总额			
员工总数			
现金流净额			
企业年龄			
控制人属性			
行业技术机会			

注："＋"表示基于相应的假设，变量（或交互项）将对创新活力有正向作用。

在模型中，创新活力作为因变量，是通过企业研发强度进行测量的；创新优势的 3 个自变量和调节变量都是通过量表先获取各指标得分，然后，通过因子分析获取标准化（standardized）因子得分，用相应的因子得分作为变量的具体数据进行实证检验；在控制变量中，资产总额、员工总数、现金流量净额和企业年龄，都是从公司年报中获取，这些指标都是具体的数值，而企业实际控制人性质，是一个虚拟变量，以 0 表示国有法人，以 1 表示非国有法人，最后，行业技术机会是一个定序变量（吴明隆，2010），从 1 到 7 依次表示技术机会逐渐增加。关于变量数据来源和测量方法的更详细介绍，可以参考第四章的相关内容。表 5 – 15 给出了模型中各变量的描述性统计分析，包括均值、标准差和变量之间的相关系数。

表 5 – 15　　创新活力模型中变量的均值、标准差和相关系数（N = 316）

变量及序号	1	2	3	4	5	6	7	8	9	10	11
1 创新活力	1.00										
2 资产总额	-0.032	1.00									
3 员工总数	-0.009	0.484 **	1.00								
4 现金流净额	-0.064	0.442 **	0.191 **	1.00							
5 企业年龄	-0.048	0.001	-0.005	-0.030	1.00						
6 控制人属性	-0.028	-0.069	0.024	-0.024	-0.036	1.00					
7 行业技术机会	0.377 **	-0.081	0.106	-0.051	-0.020	0.031	1.00				
8 独立性技术知识资源	0.366 **	-0.008	-0.211 **	-0.042	0.069	-0.209 **	0.237 **	1.00			
9 系统性技术知识资源	0.421 **	-0.122 *	-0.222 **	-0.001	0.034	-0.087	0.359 **	0.413 **	1.00		
10 需求信息资源	0.198 **	-0.093	-0.110	0.018	0.034	0.073	0.117 *	0.142 *	0.115 *	1.00	
11 竞争压力	0.068	0.054	0.221 **	0.003	-0.103	0.093	-0.017	-0.463 **	-0.222 **	-0.027	1.00
均值	0.077	1.194	0.913	0.038	10.970	0.960	4.730	0.000	0.000	0.000	0.000
标准差	0.079	0.788	0.785	0.038	3.992	0.206	1.608	1.000	1.000	1.000	1.000

注：① ** 和 * 表明相关性的显著水平分别达到 0.01 和 0.05（双尾检验）；②资产总额和现金流净额的单位是"10 亿元"，员工总数的单位是"千人"，企业年龄的单位是"年"；③模型中自变量的数值来自因子分析得分，该得分经过标准化处理，均值和标准差分别为 0 和 1。

表 5 – 15 中有 4 个方面值得注意：第一，创新活力与模型中体现创新优势的 3 个变量（独立性技术知识资源、系统性技术知识资源、需求信

息资源）呈明显的相关性，尤其是，与体现技术知识资源的两个变量的相关系数在 0.4 左右，这表明样本数据在一定程度上支持了本书概念框架中关于创新活力影响因素分析的结论；第二，独立性技术知识资源、系统性技术知识资源这两个变量与行业技术机会之间有明显的相关性，这说明本书所提出的关于技术知识的概念在理论上与行业技术机会这个成熟的理论概念具有某种程度的一致性；第三，竞争压力与独立性技术知识资源、系统性技术知识资源的呈负相关关系，特别地，与独立性技术知识资源的相关系数达到 -0.46，其可能的原因在于，对于那些技术水平较高的企业，它们所处的行业（或细分领域）一般具有较高的行业壁垒，这从一定程度上降低了竞争压力，同时，技术实力较强的企业在应对市场竞争时可能更加从容（诺兰等，2007），这使得在其公司年报中不会过分强调行业变化或竞争对手带来的压力，因此，在利用本书的方法对竞争压力进行测量时，可能出现竞争压力同企业技术实力呈现负相关关系；第四，资产总额和员工总数这两个用来衡量企业规模的指标，具有较高的相关性（相关系数接近 0.5），表明利用这两个指标具有良好的一致性，从评价测量质量的角度看，可以认为具有较高的信度（陈晓萍等，2008）。

表 5 - 16 创新活力模型的分层回归分析

		模型 1	模型 2	模型 3	方差膨胀因子 VIF
截距		0.013 (0.027)	0.034 (0.024)	0.049 * (0.024)	
控制变量	资产总额	0.005 (0.007)	0.001 (0.006)	0.002 (0.006)	1.659
	员工总数	-0.006 (0.006)	0.006 (0.006)	0.007 (0.006)	1.568
	现金流净额	-0.050 (0.051)	-0.055 (0.045)	-0.06 (0.044)	1.277
	企业年龄	-0.001 (0.001)	-0.001 (0.001)	-0.001 (0.001)	1.032
	控制人属性	-0.015 (0.020)	0.009 (0.018)	0.000 (0.019)	1.171
	行业技术机会	0.019 *** (0.003)	0.009 ** (0.003)	0.008 ** (0.002)	1.300

续表

		模型 1	模型 2	模型 3	方差膨胀因子 VIF
自变量	独立性技术知识资源		0.026 ***	0.028 ***	1.660
			(0.005)	(0.005)	
	系统性技术知识资源		0.023 ***	0.022 ***	1.407
			(0.003)	(0.003)	
	需求信息资源		0.009 *	0.011 **	1.075
			(0.004)	(0.004)	
调节变量	竞争压力		0.021 ***	0.022 ***	1.332
			(0.003)	(0.003)	
交互项	竞争压力×独立性技术知识资源			0.013 **	1.231
				(0.004)	
	竞争压力×系统性技术知识资源			0.008 *	1.189
				(0.004)	
	竞争压力×需求信息资源			0.003	1.111
				(0.005)	
	F 统计量	9.140 ***	15.367 ***	16.748 ***	
	R^2	0.151	0.354	0.398	
	调正后的 R^2	0.134	0.333	0.372	
	$\triangle R^2$	—	0.204	0.044	
	$F(\triangle R^2)$	—	24.066 ***	7.302 ***	
	Durbin-Watson 统计量	2.058	2.096	2.065	
	样本容量 N	316	316	316	

注：显著性水平：$^{*}p<0.05$；$^{**}p<0.01$；$^{***}p<0.001$。

　　为了更加精确地分析体现创新优势的三个变量同创新活力之间的关系，同时检验竞争压力的调节作用，本书使用层次回归分析（hierarchical regression analysis）对样本数据进行实证研究。参考做层次回归分析的通常做法（Raudenbush & Bryk, 2002；Guthrie & Datta, 2008；Tsai et al., 2011），本书首先，用控制变量对创新活力进行回归（即模型1），然后，再用控制变量、自变量和调节变量一起对创新活力进行回归分析（即模型2）；最后，再将交互项加入模型（即模型3）。依次对这3个模型进行回归分析，比较变量系数的变化和模型检验的主要指标，从而在数量对创新活力模型中涉及的理论假设进行检验。

表5-16给出了层次回归的计算结果，每个变量所对应的行，依次给出在三个模型中的回归系数，在系数下面的括号中给出了对应的回归标准误。表5-16的最后一列给出了完整模型（即模型3）的方差膨胀因子VIF，用来检验模型的多重共线性问题，根据吴明隆（2010）的观点，方差膨胀因子VIF的数值小于10即可使多重共线性问题的影响较弱，而模型3中的VIF数值均不超过2，因此可以忽略多重共线性对实证模型的影响（实际上，模型1和模型2的方差膨胀因子数值也都不超过4）。每个模型的Durbin-Watson统计量均在2.0至2.1之间，根据以往的研究，可以认为模型不存在严重的自相关性。本书通过将标准残差值和预测值建立散点图的方法，判定异方差性对模型的影响并不严重，通过White检验也印证了这种判断。

一　创新优势对企业创新活力的正向影响

在模型2中，反映创新优势的3个变量对创新活力的系数都为正，且表现出统计意义上的显著性，其中独立性技术知识资源和系统性技术知识资源的显著性水平达到$p < 0.001$，而需求信息资源在$p < 0.05$水平上也表现出显著性，这些结果与理论假设H2-a、H3-a、H4-a一致。

二　竞争压力对企业创新活力的正向影响

从表5-18中看出，竞争压力在模型2中的回归系数为正数，并且在统计上是显著的（$p < 0.001$），这就支持了假设H5-a的判断。

三　竞争压力对部分创新优势具有正向调节作用

模型3是完整模型，它在模型2的基础上增加了3个交互项，其R^2值达到了0.398，比模型2增加了0.044，且R^2的改变量具有统计上的显著性（$p < 0.001$），这个计算结果表明竞争压力对于创新优势具有调节作用（Villar et al., 2012）。进一步，观察3个交互项的系数及其显著性水

平可以发现，虽然系数都为正，但是，只有包括独立性技术知识资源和系统性技术知识资源的两个交互项具有统计上的显著性（显著水平分别达到 $p < 0.001$ 和 $p < 0.01$），而需求信息资源与竞争压力的交互项没有表现出统计上的显著性（实际上，在 0.35 的水平上，该交互项依然不显著），模型 3 的结果与 H6 – a 和 H6 – b 的判断一致，而 H6 – c 没有得到支持。其原因可能在于，虽然拥有更多的需求信息资源，能够使企业相对于竞争对手获取更多需求信息，但是，企业只能是被动地对需求作出响应，很难去直接影响需求（王娜等，2010），并且在市场化水平较高的环境中，企业一贯对需求作出积极反应，通过改进产品更好地满足需求（诺兰等，2007；李仪，2013），所以，从以上两个角度分析，无论企业面临的竞争压力如何变化，企业对需求所做的反应变化不大，这就意味着竞争压力对于需求信息资源没有调节作用。而独立性技术知识资源和系统性技术知识资源是企业可以主动利用的资源，也就是说，企业有可能通过更高的投入对某项技术进行升级，或者开发更先进的技术用于产品创新（Liao & Rice，2010；Cappelli et al.，2014），这样，当竞争更激烈时，就会激励企业通过各种方式充分利用自身资源，而对技术知识资源的更充分利用，则意味着更高水平的创新投入，即更高的创新活力，所以，竞争压力对这两类技术知识资源具有正向调节作用。

四　对技术机会、企业规模和产权特征与创新活力关系的分析

观察比较 3 个模型中的控制变量，可以看出技术机会对创新活力的影响具有统计上的显著性，更高的技术机会水平对应着更强的创新活力，这个结果与从产业结构的角度对创新投入的一系列研究获得的结果一致（Nieto & Quevedo，2005）。而企业规模（模型中通过资产总额和员工总数衡量）即使在模型 1 中也不具有统计上的显著性。这个结果与一些从产业结构分析创新投入的研究类似，即当控制了行业特征因素后，企业规模对创新的影响显著降低（吴延兵，2007），这表明技术方面的因素对于创新投入的影响可能比企业规模更重要。另外，通过对本书的样本企业规模进行统计分析，可以发现企业规模的变异性较小，因此难以通过规模解释企业间创新活力的差异。最后，用来表示产权特征的控制人属性在 3 个模型中都没有统计上的显著性，从数量方面分析，其主要原因在于，整个

样本一共 316 家企业，而控制人属性为国有法人的只有 14 家（占比例不到 5%），由于这个变量的变异性太小，因此很难有效解释因变量的变化，所以，该变量不具有统计上的显著性。通过对控制变量的分析，可以看出企业规模和产权特性，这类产业结构方面的因素不能充分解释样本企业在创新活力方面的差异，这也一定程度上印证了从企业资源的角度对创新进行研究具有理论价值。表 5-17 总结了创新活力模型对概念框架中相关假设检验的结果。

表 5-17　　　　　　　　创新活力模型相关假设的检验结果

	变量类别	理论假设	假设判断	检验结果
自变量	独立性技术知识资源	H2-a	+	通过
	系统性技术知识资源	H3-a	+	通过
	需求信息资源	H4-a	+	通过
调节变量	竞争压力	H5-a	+	通过
交互项	竞争压力×独立性技术知识资源	H6-a	+	通过
	竞争压力×系统性技术知识资源	H6-b	+	通过
	竞争压力×需求信息资源	H6-c	+	未通过

注："+"表示基于相应假设的判断，变量（或交互项）将对创新活力有正向作用。

第三节　创新程度模型的实证分析结果

本节对创新活力这一维度进行实证分析。根据概念框架中关于创新优势和创新程度的理论假设，构建了创新程度模型，通过样本数据对模型的进行实证分析，从而检验相关的理论假设。

根据第二章的论述，企业的创新优势包括"独立性技术知识资源""系统性技术知识资源""需求信息资源"这 3 个变量，这些变量都对创新过程具有正向作用。而竞争压力与创新程度的关系具有不同的理论解释，并且，对竞争和创新之间关系的已有研究也得出了不同的结论（Paladino，2008；Lichtenthaler，2010），考虑到竞争压力和创新程度之间可能存在的复杂关系，本书在创新程度模型中同时放入了竞争压力及其平方项，以检验可能存在的非线性关系。最后，借鉴相关实证研究（Koberg et al. ，2003；Tripsas，2008；Govindarajan et al. ，2011；Zhou & Li，2012），本书在模型控制了一些有可能对创新产生影响的企业因素。表 5 - 18 列出了创新活力模型中涉及的变量，并简述了相应的理论假设。

表 5 - 18　　　　　　　　　创新程度模型的变量及相关理论假设

变量类别		理论假设	假设判断
自变量	创新活力	H1	+
	独立性技术知识资源	H2 - a	+
	系统性技术知识资源	H3 - a	+
	需求信息资源	H4 - a	+
	竞争压力及其平方项	H5 - b1	+
		H5 - b2	-
		H5 - b3	非线性
控制变量			
资产总额			
员工总数			
现金流净额			
企业年龄			
控制人属性			
行业技术机会			

注："＋"表示基于相应的假设，变量将对创新程度有正向作用；"－"表示基于相应的假设，变量将对创新程度有负向作用；"非线性"表示，基于相应的假设，创新影响因素（即进行平方计算前的变量）与创新程度之间存在某种非线性关系。

　　模型中的因变量（创新程度）和其中 4 个自变量（体现创新优势的 3 个变量和竞争压力）都是通过量表先获取各指标得分，然后，利用因子分析获取标准化（standardized）因子得分，最后，用相应的因子得分作为变量的具体数据，竞争压力的平方项，则直接根据竞争压力的对应标准化因子得分求平方得出；在控制变量中，资产总额、员工总数、现金流量净额和企业年龄，这 4 个变量都是从公司年报中获取，这些指标都是具体的数值，而企业的控制人性质，是一个虚拟变量，以 0 表示国有法人，以 1 表示非国有法人，最后，行业技术机会是一个定序变量，从 1 到 7 依次表示技术机会逐渐增加。关于变量数据来源和变量测量的更详细介绍，可以参考第四章的相关内容。表 5 - 19 给出了模型中各变量的描述性统计分析，包括均值、标准差和变量之间的相关系数。

表 5 - 19　创新程度模型中变量的均值、标准差和相关系数（N = 316）

变量及序号	1	2	3	4	5	6	7	8	9	10	11	12	13
1 创新程度	1.00												
2 资产总额	0.07	1.00											
3 员工总数	- 0.07	0.48 **	1.00										
4 现金流净额	- 0.06	0.44 **	0.19 **	1.00									
5 企业年龄	0.06	0.00	- 0.01	- 0.03	1.00								
6 控制人属性	- 0.07	- 0.07	0.02	- 0.02	- 0.04	1.00							
7 行业技术机会	0.30 **	- 0.08	0.11	- 0.05	- 0.02	0.03	1.00						
8 创新活力	0.40 **	- 0.03	- 0.01	- 0.06	- 0.05	- 0.03	0.38 **	1.00					
9 独立性技术 知识资源	0.66 **	- 0.01	- 0.21 **	- 0.04	0.07	- 0.21 *	0.24 **	0.37 **	1.00				
10 系统性技术 V 知识资源	0.39 **	- 0.12 *	- 0.22 *	0.00	0.03	- 0.09	0.36 **	0.42 **	0.41 **	1.00			
11 需求信息资源	0.15 **	- 0.09	- 0.11	0.02	0.03	0.07	0.117 *	0.20 **	0.14 *	0.11 *	1.00		
12 竞争压力	- 0.34 **	0.05	0.22 **	0.00	- 0.10	0.09	- 0.02	0.07	- 0.46 **	- 0.22 **	- 0.03	1.00	
13 竞争压力的 平方项	0.09	0.03	0.05	- 0.01	0.06	- 0.07	- 0.03	0.05	0.01	0.02	0.07	- 0.02	1.00
均值	0.00	1.19	0.91	0.04	10.97	0.96	4.73	0.00	0.00	0.00	0.00	0.00	1.00
标准差	1.00	0.79	0.79	0.09	3.99	0.21	1.61	0.08	1.00	1.00	1.00	1.00	0.86

注：① ** 和 * 表明相关性的显著水平分别达到 0.01 和 0.05（双尾检验）；②资产总额和现金流净额的单位是"10 亿元"，员工总数的单位是"千人"，企业年龄的单位是"年"；③模型中自变量的数值（除竞争压力的平方项外）来自标准化因子分析的得分，该得分经过标准化处理，均值和标准差分别为 0 和 1。

表 5 - 19 中有三个方面值得注意：第一，创新活力与模型中体现创新优势的 3 个变量（独立性技术知识资源、系统性技术知识资源、需求信息资源）呈明显的相关性，其中与独立性技术知识资源的相关系数超过了 0.6；第二，创新程度与竞争压力之间负相关，这与一些实证研究

的结果具有一致性（Droge et al.，2008；Sainio et al.，2012）；第三，竞争压力与独立性技术知识资源和系统性技术知识资源具有明显的负相关关系，这可能是因为那些技术水平较高的企业，应对市场竞争会更加从容（李连利，2011；李仪，2013），因此，在公司年报中不会过度强调竞争给企业带来的风险，同时，一些技术先进的企业可能处于技术壁垒较高的细分领域，这也一定程度地降低了企业面临的竞争压力，从这两个方面考虑，企业所拥有的技术知识资源越多，其可能面临的竞争压力越小。

为了从数量上更精确的分析模型中自变量对创新程度的影响，对创新程度进行了多元回归分析。首先，将仅将控制变量放入模型（即模型1），然后，再将自变量加入，得到完整模型（即模型2），通过观察变量系数和模型检验的主要指标，对创新程度模型中涉及的理论假设进行检验。

表 5 - 20　　　　　　　　创新程度模型的分层回归分析

		模型 1	模型 2	方差膨胀因子 VIF
	截距	-0.955 (0.348)	-1.027 ** (0.274)	
控制变量	资产总额	0.298 *** (0.085)	0.168 ** (0.065)	1.651
	员工总数	-0.251 ** (0.078)	0.029 (0.063)	1.550
	现金流净额	-1.176 + (0.652)	-0.910 + (0.501)	1.274
	企业年龄	0.015 (0.013)	0.004 (0.010)	1.025
	控制人属性	-0.303 (0.257)	0.309 (0.202)	1.076
	行业技术机会	0.211 *** (0.033)	0.059 * (0.029)	1.344

续表

		模型 1	模型 2	方差膨胀因子 VIF
自变量	创新活力		1.778 **	1.555
			(0.633)	
	独立性技术知识资源		0.516 ***	1.798
			(0.054)	
	系统性技术知识资源		0.085 +	1.526
			(0.049)	
	需求信息资源		0.031	1.087
			(0.042)	
	竞争压力		- 0.106 *	1.441
			(0.048)	
	竞争压力的平方项		0.087 +	1.027
			(0.047)	
	F	8.798 ***	26.901 ***	
	R^2	0.146	0.516	
	调正后的 R^2	0.129	0.497	
	$\triangle R^2$	—	0.370	
	$F(\triangle R^2)$	—	38.583 ***	
	Durbin-Watson 统计量	1.916	2.043	
	样本容量 N	316	316	

注：显著性水平： $+ p < 0.1$；$^* p < 0.05$；$^{**} p < 0.01$；$^{***} p < 0.001$。

表 5 - 20 给出了回归分析的计算结果。每个变量所对应的行，分别给出在两个模型中的回归系数，在系数下面的括号中给出了对应的回归标准误。表 5 - 20 的最后一列给出了完整模型（即模型 2）中各变量对应的方差膨胀因子 VIF，用来检验模型的多重共线性问题。根据吴明隆 (2010) 的观点，方差膨胀因子 VIF 的数值小于 10 即可认为多重共线性问题的影响较弱，而模型 2 中的 VIF 数值均不超过 2，因此可以忽略多重共线性对实证模型的影响。另外，两个模型的 Durbin-Watson 统计量均为 1.9—2.1，可以认为模型不存在严重的自相关性。本书通过将标准残差值和预测值建立散点图的方法，判定异方差性对模型的影响并不严重，通过 White 检验也印证了这种判断。

一　创新活力与创新程度之间的正相关关系

根据表 5 - 20，在模型 2 中，创新活力的系数为正，且具有较高的显著性水平（p < 0.01），这支持了理论假设 H1 的判断，一般来说，创新程度较高的研发过程往往需要大量的投入（Cohen & Levinthal，1990；Becker & Dietz，2004；Aw et al.，2007；Ciftci & Cready，2011），因此，较高的创新活力与创新程度正向相关。

二　部分创新优势对创新程度产生正向影响

在创新优势的 3 个变量中，只有与技术知识相关的两个变量的系数在统计上是显著的，而需求信息资源的系数并不显著。其原因可能是，需求信息资源能够使企业更好地了解客户的需求，但是，企业只是被动地去满足需求，很少有企业可以主动影响需求（王娜等，2010），所以，即使掌握了更多了需求信息，企业也是根据这些信息进行相应产品的开发，而这并不能保证其产品具有较高程度的新颖性和技术上的先进性，也有文献（Tripsas，2008）指出，更好地了解客户需求能够帮助企业改进产品性能，这也说明需求信息对于创新的意义更多在于"改进"，即进行"渐进式创新"（Fagerberg et al.，2006），而与创新程度较高的"突破式创新"并没有很高的关联性。另外，与独立性技术知识资源的显著水平（p < 0.001）相比，系统性技术知识资源的显著性水平（p < 0.1）较低，这可能是因为独立性技术知识资源体现了较高的技术独特性（参考第三章关于独立性技术知识的讨论），因此，这种资源的开发利用能够促使企业获取更新颖或跟先进的产品，而系统性技术知识资源体现了企业利用技术的能力和产品开发经验（参考第三章的讨论），虽然这种资源能够帮助企业完成创新程度较高的开发项目，但是，它并不与产品新颖性直接相关，这可能就是模型 2 中系统性技术知识资源系数的显著性水平不高的原因。总之，模型的计算结果支持了理论假设 H2 - b 和 H3 - b，而假设 H4 - b 没有通过检验。

三　竞争压力与创新程度之间的"U"形关系

表 5 - 20 中，竞争压力及其平方项在统计上都显著，表明竞争压力和创新程度之间具有某种非线性关系。具体地说，竞争压力的回归系数

为负值，而二次项的系数是正数，这说明竞争压力与创新程度之间呈一种"U"形关系，即在竞争压力较小的区间内，竞争压力对创新程度具有负向作用，而在竞争压力较大的区间内，竞争压力对创新程度具有正向作用。这种"U"形关系产生的原因可能在于，一方面，从事创新程度较高的产品研发需要承担高风险，这使得通常情况下，当企业面临较高的竞争压力时，为了避免经营失败而采取较为保守的产品研发策略（Droge et al.，2008；Li & Atuahene-Gima，2001），于是就出现了竞争压力与创新程度负相关的情况，另一方面，当竞争压力增大到一定程度后，由于竞争过于激烈，企业需要充分发挥资源潜力才可能适应残酷的竞争环境，即竞争非常激烈以至于只能在"创新或死亡"（Edward Kahn，2006）之间作出选择，在这种情况下，更激烈的竞争将导致更强有力的创新，而更新颖、更先进的产品将更有助于企业通过创新战略获取竞争优势（诺兰等，2007），所以，在这种高度竞争的环境中，竞争压力对创新程度产生了正向作用。实际上，利用模型 2 中的回归系数进行计算可以得出当竞争压力为 0.6（因子分析后的标准化分数）时，达到这种"U"形关系的临界点，在本书的研究样本中，有 103 家企业（占样本容量的 33%）的竞争压力超过 0.6，即处于竞争压力对创新程度具有正向作用的区间，剩下 213 家企业（占样本容量的 67%）处于竞争压力对创新程度具有负向作用的区间，这在某种程度印证了上面的分析。总之，回归分析的结果表明，竞争压力与创新程度之间存在"U"形关系。而在本书的样本中，只有约 1/3 的企业处于竞争压力对创新程度有正向作用的区间。

四　对技术机会、企业规模和现金流净额与创新程度关系的分析

通过对模型 1 和模型 2 的比较，可以发现技术机会的系数在两个模型中都具有统计上的显著性，这个结果与很多文献的结论一致（Malerba & Orsenigo，1997；Breschi et al.，2000；Nieto & Quevedo，2005；Park & Lee，2006；Kirner et al.，2009），这表明技术因素对创新的促进作用（Kline & Rosenberg，1986）。

另外，现金流净额与创新程度间具有显著的负向关系，这可能由两个原因造成：第一，创新程度较高的产品需要一定的时间进行市场推广

（王娜等，2010），新产品被广泛接受前，并不能充分提前创新产品的市场价值，企业难以快速从市场回笼资金，从而降低了现金流净额；第二，创新程度较高的产品开发，一般需要耗费高额的研发费用（Govindarajan et al.，2011），因此，在进行这类产品的研发时，企业需要大量的费用支出（从创新活力对创新程度的正向作用，也可以看出这一点），这会增加企业的现金流出，从而降低了现金流净额。

最后，企业规模是非常值得注意的控制变量。在两个模型中，资产总额的回归系数都具有统计上的显著性（显著性水平在模型 1 和模型 2 中，分别达到 $p < 0.001$ 和 $p < 0.01$），且回归系数为正数，而同样用来衡量企业规模的员工总数，在模型 1 的回归系数具有较高的显著性（$p < 0.01$），但系数为负值。这种情况出现的原因可能在于，创新程度较高的产品开发需要承受高风险（Hughes et al.，2010），资产总额大的企业往往拥有较为雄厚的资金实力，承受风险的能力较强（诺兰等，2007），因此，较高的资产总额对创新程度产生正向作用。而员工总数虽然是衡量企业规模的一个指标，但是，较多的员工数量并不意味着具有较高的风险承受能力，而且，通过对样本的仔细观察，可以发现员工总数较多的企业通常是"生产性人员"比例较大，而研发人员比例较小，这类企业往往通过对大量员工进行良好的组织管理，生产出技术较成熟的产品就能够获取高额的企业利润，考虑到创新不可避免的风险，因此，员工数量较多的企业一般不会进行创新程度较高的产品开发，即员工数量与创新程度间出现负向关系。所以，虽然员工数量和资产总额被很多创新研究的文献用来衡量企业规模（Tsai & Wang，2005；吴延兵，2007），但是，根据上面的分析，它们对创新程度的影响可能并不相同，资产总额可以看作是企业承受创新风险的一种资源，因此，它可能对创新程度的提高具有正向作用，而员工数量对于创新程度来说似乎并不是一种有价值的资源（至少在本书的研究样本中是如此），所以，它并不能对创新程度产生正向作用。从这个角度看，虽然企业规模、市场力量等产业结构因素对创新能够产生影响，但是，从企业资源的角度，结合对创新过程的分析，似乎能够更深入地分析企业特征与创新之间的关系。表 5 - 21 总结了创新程度模型对概念框架中相应假设的检验结果。

表 5 - 21　　　　　　　　创新程度模型相关假设的检验结果

变量类别		理论假设	假设判断	检验结果
自变量	创新活力	H1	+	通过
	独立性技术知识资源	H2 - b	+	通过
	系统性技术知识资源	H3 - b	+	通过
	需求信息资源	H4 - b	+	未通过
竞争压力及其平方项		H5 - b1	+	未通过
		H5 - b2	-	未通过
		H5 - b3	非线性	通过（"U"形关系）

注："＋"表示基于相应的假设，变量将对创新程度有正向作用；"－"表示基于相应的假设，变量将对创新程度有负向作用；"非线性"表示，基于相应的假设，创新影响因素（即进行平方计算前的变量）与创新程度之间存在某种非线性关系。

第四节　本章小结

本章主要完成了三个方面的工作：（1）对变量测量的信度和效度进行了检验；（2）通过创新活力模型对概念框架中关于企业创新活力的假设进行了实证检验；（3）通过创新程度模型对概念框架中关于企业创新程度的假设进行了实证检验。

首先，对变量测量的信度和效度进行检验，结果显示各测量结果均具有良好的信度和效度，这说明本书第四章所设计的测量方法能够比较准确地反映待测量变量的实际内容，而且测量方法也具有良好的可靠性和一致性，总之，检验结果说明本书对创业板上市公司所收集到的数据有良好质量，用于实证分析能够获得可信的结果。

其次，通过创新活力模型对相应的假设进行了检验，实证结果证实了大部分假设的理论预测，对未能通过检验的假设（仅有 H6 - c）进行了讨论，同时对控制变量的分析也一定程度上说明企业规模、产权特征等变量对中小企业的创新行为缺乏足够的解释力度。

最后，在创新程度模型中对相应的假设进行了实证检验，结果表明只有少量假设未能通过检验，笔者对这些假设进行了分析，同时，关于控制变量对创新程度的影响也根据实证结果进行了讨论，再次说明企业规模、产权特性等产业结构因素很难充分解释中小企业创新的影响因素。

　　总之，本章验证了对变量的测量具有较好的信度和效度，而关于概念框架中相应假设的实证分析表明，资源基础理论的视角下的创新优势能够较好地解释中小企业在创新方面的差异，这为本书概念框架的理论论述提供了有力的经验性证据。

第六章

研究结论与评述

本章对研究结果进行了总结，在与相关研究进行比较的基础上，对概念框架中的各个假设进行了详尽地分析，进一步论述了在资源基础理论的视角下，创新优势对于企业创新的作用，讨论了研究结论对研究问题的响应程度。通过与已有研究的比较，指出了本书的理论贡献和实践意义，最后，说明了研究的局限性和进一步的工作。本章分三节展开：第一节，总结了研究结果，并进行了深入的讨论；第二节，概括了本书的理论贡献和实践意义；第三节，说明了研究的局限性和进一步的工作方向。

第一节　研究结果的总结和讨论

企业所拥有的资源特征对于竞争战略的实施具有重要的影响（Wiklund & Shepherd，2003；Acedo et al.，2006；Lavie，2006；Paladino，2008；Clausen et al.，2013），而技术创新是企业（尤其是中小企业）获取良好市场竞争地位的关键所在（Freel，2003；Hall et al.，2009；Terziovski，2010）。本书以316家创业板上市公司为样本，基于资源基础理论构建了概念框架和实证模型，数量分析结果表明，企业在技术知识和获取需求信息方面的资源与创新表现之间存在紧密的联系，这些资源构成了企业的创新优势。具体地说，独立性技术知识资源、系统性技术知识资源和需求信息资源与企业的创新活力具有显著的正向关系，而前两者对创新程度也具有显著的正向作用。另外，在本书的研究框架中还讨论了竞争压力对于企业创新的影响，结果表明竞争压力与创新活力之间存在正向联系，同时，它还正向调节了两类技术知识资源对于创新活力的作用，而竞争压力与创新程度之间存在较为复杂的"U"形关系。表6-1总结了本书的研究结果，针对这些结果，本节对概念框架中的相关假设作出进一步的讨论，详尽分析了基于企业资源的创新优势对创新表现的作用，借此对本书所提出的问题作出更深入的分析。

表 6 - 1 实证研究结果的总结

影响因素	创新表现	理论假设[1]	实证结果
创新活力[2]	创新程度	H1 （＋）	通过
创新优势			
独立性技术知识资源	创新活力	H2 - a （＋）	通过
	创新程度	H2 - b （＋）	通过
系统性技术知识资源	创新活力	H3 - a （＋）	通过
	创新程度	H3 - b （＋）	通过
需求信息资源	创新活力	H4 - a （＋）	通过
	创新程度	H4 - b （＋）	未通过
竞争压力	创新活力	H5 - a （＋）	通过
	创新程度	H5 - b1 （＋）	未通过
		H5 - b2 （－）	未通过
		H5 - b3 （非线性）	通过，"U"形关系
调节效应			
竞争压力×独立性技术知识资源	创新活力	H6 - a （＋）	通过
竞争压力×系统性技术知识资源	创新活力	H6 - b （＋）	通过
竞争压力×需求信息资源	创新活力	H6 - c （＋）	未通过

注：①在"理论假设"这一列中，编号后的括号给出了相应假设关于影响因素对创新表现产生作用的判断："＋"说明正向作用，"－"表明负向作用，"非线性"表明存在非线性关系。②虽然在概念框架中"创新活力"是创新表现的一个维度，但它也是"创新程度"的影响因素，因此该变量出现在了"影响因素"一栏。

一 创新活力与创新程度之间的关系

假设 H1 认为企业的创新活力与创新程度之间具有正向关系，本书的实证研究支持了这种判断（见表 6 - 1）。一般来说，开发创新程度较高的产品是企业实现竞争优势的一种重要战略（Govindarajan et al.，2011），而实施这种战略需要企业克服各种技术难题，并做好市场推广的工作，通常需要高额的投入，需要占用企业大量的资金、人力等资源（Dodgson et al., 2006；Ciftci & Cready，2011），所以，当企业开发新颖性和先进性较强的产品时，会表现出较高的创新活力，也就是说创新活力与创新程度之间在逻辑上具有一定的联系。从表 6-1 可以看出，研究结论支持了这种分析。一些关于创新程度的研究也得出类似的结论（Gans et al.，2002；Subramaniam & Youndt，2005）。但是需要注意的是，根据上面的分析，较高的创新活力只是高水平创新程度的必要条件，而非充分条件。也就是说，具有较高的创新活力的企业并不一定具有高水平的创新程度，大量的"渐进式创新"也伴随着高额的研发投入（Koberg et al.，2003）。

二　独立性技术知识资源对企业创新的作用

假设 H2-a 和 H2-b 认为独立性技术知识资源对企业创新具有正向影响。表 6-1 说明研究结果证实了假设 H4-a 和 H4-b 的判断，独立性技术资源对创新表现的两个维度都具有正向作用。创新可以看作是对发明的商业化（OECD，2005；Fagerberg et al.，2006），即一些特有的技术通过进一步研发，用于满足市场需求，这就促成了创新的出现。在本书的概念框架中，独立性技术知识资源与这种特有的技术有着较为密切的联系。从概念上说，独立性技术知识资源强调技术知识资源能够相对独立地（即不过分依赖企业组织环境）体现对创新的作用，这类资源往往具有技术上的独特性，这是因为，如果这类资源在技术上没有明显的特点，那么它脱离组织环境后也就没有什么创新价值了。当企业拥有较高水平的这类资源时，对这些资源的开发利用就容易获得创新程度较高的产品，而且与此相伴，也需要相对高额的研发投入，于是企业同时表现出较高的创新程度和较强的创新活力。

一些文献研究了知识类型和创新绩效的关系（Jensen et al.，2007），认为基于科学知识的创新具有良好的创新绩效。这类研究与本书的结论有某种相关性，因为基于科学的知识通常较为先进、具有一定的独特性，并且能够相对独立地体现创新价值（Hess & Rothaermel，2011），拥有较多这类知识的企业可以被认为拥有了较高水平的独立性技术知识资源，能够开发出创新程度较高的产品，从而获取良好的企业绩效。虽然，从不同知识类型对创新绩效进行研究的文献与本书在概念框架和分析视角上具有明显差别，但是，研究结论具有一定关联性，这在某种程度上支持了本书的相关研究结论。

三　系统性技术知识资源对企业创新的作用

假设 H4 – a 和 H4 – b 认为企业的系统性技术知识资源与创新之间具有密切的联系，表 6 – 1 说明本书的研究结果支持了这种观点。在本书的概念框架中，系统性技术知识资源指那些与企业组织紧密关联的技术知识资源，而通常情况下，这种资源与企业对新技术的开发和利用有关。这是因为，根据创新动力机制的研究结论（Kline & Rosenberg，1986；Utterback，1994；Nelson，2008），在创新过程中需要对大量非线性关联的过程进行高效地协调和管理，这方面的技术水平依赖于企业的组织环境，同时，这方面的技术知识水平体现了企业对新技术的开发利用能力。也就是说，系统性的技术知识资源水平较高企业在对技术的开发利用方面具有创新优势。所以，对这种资源的利用将使企业表现出较高的创新活力。另外，在创新程度方面，拥有良好技术开发利用能力的企业，在对较为独特的技术进行开发利用时，也可以降低开发的风险和成本，所以，系统性技术知识资源与创新程度之间也存在一定的联系。不过，根据上面的分析，也可以发现创新程度与独立性技术资源的关系更直接，所以，两者之间的关系应该更加紧密。实际上，如果仔细地观察在创新程度模型中（见第五章第三节）独立性技术知识资源和系统性技术知识资源回归系数的显著性，可以发现，前者明显高于后者（两者分别在 $p < 0.001$ 和 $p < 0.1$ 水平上显著），并且，前者的回归系数是后者的 6 倍以上（在模型中，这两个变量的数值都是因子分析后的标准得分，即量纲相同，因此回归系数能一定程度反映自变量对因变量的作用效应程度）。这些数据上的细节支持了本书第三章在建立概念框架时的逻辑分析。

一些文献研究了基于经验知识的创新对企业绩效的影响（Jensen et al.，2007），认为基于经验的创新活动有助于提高企业绩效，而这类创新与产品的新颖性联系并不密切。这些研究发现可以支持本书的相关结论。因为，从逻辑上说，系统性技术知识资源在很大程度上反映了企业的研发经验，两者的相关性较高，可以认为研发经验就是企业的一种系统性技术知识资源，而对这种资源的利用就是企业借助创新优势赢得良好企业绩效的一种竞争战略。不过，需要说明的是，虽然本书同这类研究文献在结论上具有一定的逻辑关联，但是，具有完全不同的理论视角和概念框架，本书的研究旨在建立企业资源与企业创新表现之间的联系，而那类文献主要研究创新类型与企业绩效之间的关系。

四　需求信息资源对企业创新的作用

H4 - a 和 H4 - b 分别认为需求信息资源对于企业的创新活力和创新程度具有正向作用，根据表 6 - 1 的显示，本书的研究结果支持了假设 H4 - a 而没有支持 H4 - b。拥有丰富需求信息的企业能够更清楚地了解客户的需要，因此能够有针对性地进行产品研发（Arvantis & Hollenstein，1994；Atuahene-Gima et al.，2005；Tripsas，2008；Dijk & Yarime，2010），这样就降低了创新的风险。所以，需求信息资源与创新活力之间显示出正向联系。利用本书的样本，无法证实需求信息资源对于创新程度的影响，可能的原因在本书第五章第三节进行过讨论。关于客户需求和创新之间的一些研究，也认为对客户需求有了更充分的了解，将提高企业的创新绩效（De Luca & Atuahene-Gima，2007；Kok & Biemans，2009），但是很少有研究系统地讨论客户需求与产品创新程度之间的联系。

五　竞争压力对企业创新的作用

关于竞争与企业创新之间的关系，有很多文献进行了细致地研究，但却得出了不同的结论（Becheikh et al.，2005；Fagerberg et al.，2006；Hughes et al.，2010；Cohen，2010）。本书的研究结果表明，对创新表现的两个维度，竞争压力分别表现出了不同形式的作用。在本书的样本中，316 家企业都是创业板上市公司，企业规模不大，市场化程度较高，企业对市场竞争比较敏感，而且，这些企业一般具有较强的创新能力（李龙筠、谢艺，2011），考虑这些特殊行，本书的样本企业在面临较高的竞争压力时很可能通过创新的方式争取有利的竞争地位，因为，这些企业在创新方面具备资源优势，较高的竞争压力促使其发挥这种优势。这一结论与一些从产业结构角度研究创新所得出的观点一致（吴延兵，2007）。另外，通过上面的分析还可以看出，本书的研究结果从企业创新的角度说明了资源基础理论在竞争战略选择方面的解释能力。

在创新程度方面，竞争压力与之表现出非线性关系。对于这个结果的解释，本书在第五章第二节给出了较为详细的分析，简言之，由于开发创新程度较高的产品，必然要承受高风险，因此只有当竞争足够激烈时，企业才有决心承受风险进行创新，而对实证模型结果更细致的观察也支持了这种分析（详细说明见第五章第二节）。

竞争压力是对市场环境的一种反映，而创新是企业的一种竞争战略，考虑到市场本身的不确定性和企业决策过程的复杂性（诺兰等，2007；李仪，2013），建立这两者之间的联系需要考虑的因素很多，所以，很可能基于不同的研究样本会得到差别很大结论。即使如此，研究结果表明，对创业板上市公司而言，利用本书的概念框架能够发现竞争压力与创新表现之间的某些规律。

另外，需要说明的是，与大量从产业角度分析企业创新的文献不同，本书并没有使用市场指数（如赫芬达尔指数、四厂商集中度指数等）对整个行业内的所有企业所面临的市场竞争环境进行概括性地测算。笔者认为，虽然本书的样本企业能够被分为若干行业，但是，实际上在样本企业中，即使是处于同一个行业代码的企业，它们的细分领域也可能相差很大，而各自面临的竞争环境也明显不同，因此，使用市场指数的方法将使得不同企业间在竞争压力方面的具体差异得不到有效反映。本书的研究方法是对各个企业分别进行测量，尽可能地反映了企业间的差异，这种方法虽然耗费大量时间，但是能够在较大程度上反映不同企业所面临竞争压力的差异。可以认为，相对于从产业结构的角度对企业创新进行研究的文献，本书对各个样本分别测量的研究方法，能够获得关于企业层面更为精确的数据，因此实证结果更具有说服力。

六　竞争压力对创新优势的正向调节作用

关于竞争压力对创新优势的调节作用，实证研究的结果表明，只有与技术相关的两个假设得到了证实。在第五章分析了竞争压力没有对需求信息资源表现出正向调节作用的原因。一些文献研究了"环境动荡"（Fagerberg et al. ，2006；Paladino，2008；Lichtenthaler，2009）对创新的影响，认为技术的变化或者市场环境的变化对创新的影响因素具有调节作用。这中研究结论与本书的发现有一定的逻辑关联，因为，"环境动荡"与"竞争压力"具有一定的相关性（尤其是，本书对竞争压力的测量指标也反映了技术变化和市场变化），环境动荡激烈的情况下，企业为维持良好的竞争地位需要承受更大的压力。

从资源基础理论的角度分析，当企业面临更大压力时，更需要其充分发挥所拥有的资源，而技术知识资源是企业能够自主控制的因素，所以，竞争压力对这两类技术知识资源具有正向调节作用。本书的研究结果，不仅证实了相关的假设，也反映了资源基础理论的解释能力。

第二节　研究的理论贡献和实践意义

一　理论贡献

第一，拓展了资源基础理论，将其引入到对企业创新的研究，丰富了该理论的内涵。另外，在资源基础理论的研究中，实证方面分析较少（Barney & Clark，2007），本书通过创业板上市公司的微观数据进行了实证研究，为资源基础理论提供了新的数据支撑。

第二，本书建立了一个新的概念框架。该框架以资源基础理论为基本依据，借鉴了创新动力机制研究和知识管理理论的相关结论，从创新资源异质性的角度解释了中小企业间创新差异产生的原因，因此，本书所提出的概念框架是从企业资源的角度对创新影响因素进行的分析，论证了企业资源与创新表现之间的逻辑关系。这个新的概念框架突破了以熊彼特假说（Schumpeter，1942；吴延兵，2007）为理论基础，从企业规模、市场力量、产权结构、技术机会等产业结构因素为主要研究视角对企业创新进行分析的模式。

第三，在概念框架的基础上，借鉴相关的研究方法，针对创业板上市公司的特点，本书制定了相应的测量量表，对 316 家创业板上市公司进行了数据收集。实证分析表明，本书对变量的测量具有较好的测量质量（尤其是，验证性因子分析结果检验了测量模型的逻辑结构）。因此，考虑到企业级微观数据的获取难度（Durst & Edvardsson，2012），本书所使用的测量方法也可以看作是一个理论贡献，能够为相关研究的数据收集提供借鉴。

第四，本书的研究结论证实，创业板上市公司之间的创新差异主要来源于创新资源的异质性和它们所面临的竞争压力，而企业规模、市场力量、产权特征、技术机会等因素的解释能力较弱。这进一步揭示出，中小企业在创新方面具有独特的规律，企业自身因素对创新的影响可能更为重要。另外，关于竞争压力的研究结果说明，该因素对创新的影响比较复杂，因此在研究竞争压力对企业创新影响的概念框架中，或许要考虑更多种可能存在的逻辑关系。

二　实践意义

本书的研究结果说明了中小企业的资源特性对于创新的关键作用。以中国创业板上市公司为样本的实证研究表明，那些拥有相应较高创新资源水平的企业，一般会进行更多的创新投入和开发更新颖、更先进的产品。

对于快速发展的中小企业来说，通过创先构建并保持竞争优势是非常重要的一种经营战略（Hall et al.，2009；Alegre et al.，2011），本书所提出的创新优势分析框架，能够帮助企业识别资源特性在创新方面的价值，从而使企业更好地发现所具有的创新优势，为充分利用这些资源提升企业绩效提供理论指导。另外，创业板上市公司具有丰富的经营管理经验和良好的企业绩效（李龙筠、刘晓川，2011），它们在企业营运方面的做法对于普通中小企业来说具有一定的参考价值。本书的研究结论暗示出，创业板上市公司一般能够识别并利用在创新方面的企业资源，因此，对于一般的中小企业来说，当识别出自身创新优势后，应该对相应的资源给予足够的重视，在综合企业的各方面情况后，可以采取适当的战略对这类资源（即创新优势）进行开发利用，通过创新实现竞争优势。

本书的研究结论对于完善国家创新体系（Nelson，1983；Lundvall，1992）也具有一定的启示意义。首先，对于中小企业在创新方面的一般性规律进行了探讨，说明了企业资源对于创新的重要作用，因此在建立和完善创新体系时应当重视对相应创新资源的培育，例如，更加完善的研究生培养体系、更加灵活的研发人员用人机制（使得具有丰富研究经验的学者、专家能够灵活地在科研院所和企业间流动）、更加严格的知识产权保护措施、更加规范并充满活力的市场经济体系等。也就是说，在制度建设方面注重对创新资源的培育，并为相应资源的充分利用提供有利条件。

总之，本书的研究结论有助于中小企业识别所具有的创新优势，并鼓励它们采取适当的创新战略对相应的企业资源进行开发和利用。而在国家创新体系的建设方面，本书的研究结论说明，培育更多的创新资源并健全相应的保障制度对于提高中小企业创新能力，实现创新驱动发展具有重要意义。

第三节　研究的局限性和进一步的工作

本书从资源基础理论的视角研究了中小企业（创业板上市公司）创

新的影响因素，研究结果证实了企业资源对于创新表现的重要作用，在理论上突破了仅通过企业规模、市场力量、产权特性和技术机会等产业结构因素对创新进行研究的理论框架，为企业（尤其是创新型中小企业）识别并开发创新优势提供了理论指导。但是，本书的研究在两个方面还存在一定的局限性，需要进一步研究：

第一，从理论上说，资源基础理论从一个静态的视角解释企业资源对于竞争优势的作用，而不能说明相应的资源（或能力）是如何形成的（Barney，1991）。即资源基础理论只分析了当前企业资源的作用，而对这些资源在过去和将来的动态变化过程缺少相应的研究。本书的基本分析框架建立在资源基础理论之上，所以，也就没能从动态的角度分析创新优势的形成和发展，这是研究的一个不足之处。Teece（2007）的动态能力（dynamic capability）理论助于解释企业资源或能力的动态形成过程，因此，借鉴 Teece 的理论对中小企业创新优势的动态过程进行研究是下一步的工作。

第二，本书的研究仅限于对企业创新表现的研究，而没有研究创新对企业绩效的作用。实际上，相当多的创新研究都是围绕企业创新绩效展开的（Keizer et al.，2002；Laursen & Salter，2006；Liao & Rice，2010；Lee et al.，2010；Clausen et al.，2013），本书为了专注于创新的影响因素而没有对创新绩效进行研究。在后续的研究中，可以参考已有研究，将创新绩效纳入概念框架，分析创新优势、创新表现对于企业创新绩效的作用，这将使研究的理论内容更丰富，也更具有实践指导意义。这也是将要进一步进行的研究。

参考文献

安同良、施浩、Alcorta：《中国制造业企业 R&D 行为模式的观测与实证——基于江苏省制造业企业问卷调查的实证分析》，《经济研究》2006 年第 2 期。

陈晓萍、徐淑英、樊景立：《组织与管理研究的实证方法》，北京大学出版社 2008 年版。

陈羽：《驱动市场导向——顾客知识获取与产品创新绩效的关系研究》，博士学位论文，华南理工大学，2012 年。

陈钰芬、陈劲：《企业技术创新绩效评价指标体系研究》，《科学学与科学技术管理》2006 年第 3 期。

冯晓莉：《我国企业技术创新动力机制研究》，博士学位论文，西北大学，2005 年。

冯艳婷：《企业竞争优势的内涵及其培养》，《贵州民族学院学报》2004 年第 1 期。

傅家骥、雷家骕、程源：《技术经济学前沿问题》，经济科学出版社 2003 年版。

韩宇：《美国高技术城市研究》，清华大学出版社 2009 年版。

侯杰泰、温忠麟、成子娟：《结构方程模型及其应用》，教育科学出版社 2004 年版。

黄渐渐：《产权性质、股权激励与企业技术创新——基于我国中小板上市公司的经验分析》，《财经研究》2011 年第 9 期。

江旭、高山行、廖貅武：《外部知识获取、新产品开发与企业绩效关系的实证研究》，《研究与发展管理》2008 年第 5 期。

姜红、赵树宽、余海晴：《技术轨道理论研究综述及展望》，《科学学与科学技术管理》2011 年第 7 期。

焦少飞、张炜、杨选良：《技术体制、研发努力与创新绩效》，《中国软科学》2010 年第 5 期。

蓝石：《现代社会科学研究中结构模型的拟合与建立》，华东师范大学出版社 2011 年版。

李连利：《IBM 百年评传：大象的华尔兹》，华中科技大学出版社 2011 年版。

李龙筠、刘晓川：《资产结构、地区经济与企业创新能力——来自中国创业板市场的证据》，《中央财经大学学报》2011 年第 5 期。

李龙筠、谢艺：《中国创业板上市公司创新能力评估》，《经济学家》2011 年第 2 期。

李晓梅、马云俊：《东北装备制造业技术体制实证分析》，《辽宁工业大学学报》（社会科学版）2009 年第 5 期。

李仪：《研发能力持续成长路线图：向华为学习研发管理，助推企业持续发展》，机械工业出版社 2013 年版。

刘锦英：《知识获取模式研究》，《科技进步与对策》2007 年第 8 期。

刘世锦：《中国经济增长十年展望（2014—2023）：在改革中形成增长新常态》，中信出版社 2014 年版。

刘运国、刘雯：《我国上市公司的高管任期与 R&D 支出》，《管理世界》2008 年第 1 期。

柳卸林：《技术轨道和自主创新》，《中国科技论坛》1997 年第 2 期。

陆国庆：《中国中小板上市公司产业创新的绩效研究》，《经济研究》2011 年第 2 期。

陆立军、郑小碧：《基于系统范式的中小企业集群创新优势研究》，《科学学与科学技术管理》2010 年第 5 期。

马刚：《企业竞争优势的内涵界定及其相关理论评述》，《经济评论》2006 年第 1 期。

马浩：《竞争优势：解剖与集合》（修订版），北京大学出版社 2010 年版。

南旭光：《知识获取性视角下隐性知识的转化和流动》，《科学学与科学技术管理》2010 年第 3 期。

诺兰、刘春航、张瑾：《全球商业革命：产业集中、系统集成与瀑布效应》，南开大学出版社 2007 年版。

邱均平：《知识管理学》，科学技术文献出版社 2006 年版。

芮明杰、李鑫、任红波：《高技术企业知识创新模式研究——对野中郁次郎知识创造模型的修正与扩展》，《外国经济与管理》2004 年第 5 期。

邵汝军、胡斌：《基于灰色模糊理论的企业创新活力评价研究》，《科技管理研究》2008 年第 4 期。

宋耘、曾进泽：《技术体制对企业自主创新程度影响的实证研究》，《学术研究》2007 年第 6 期。

孙冰：　《企业技术创新动力研究》，博士学位论文，哈尔滨工程大学，2003 年。

孙育平：《论企业竞争优势与实现途径》，《企业经济》2003 年第 12 期。

唐清泉、甄丽明：《透视技术创新投入的机理与影响因素：一个文献综述》，《科学学与科学技术管理》2009 年第 11 期。

童亮：《基于跨组织合作联结的复杂产品系统创新知识管理机制研究》，博士学位论文，浙江大学，2006 年。

王海燕：《企业创新动力研究述评》，《科学管理研究》2011 年第 6 期。

王建华：《企业竞争优势形成机制及竞争力评测研究》，博士学位论文，上海交通大学，2002 年。

迈克尔·劳德等：《世界 500 强的创新魔方》，王娜译、单波译，中国人民大学出版社 2010 年版。

王艳：《知识管理与企业竞争优势构建》，《广西社会科学》2003 年第 8 期。

吴敬琏：《发展中国高新技术产业：制度重于技术》，北京中国发展出版社 2002 年版。

吴明隆：《结构方程模型：AMOS 的操作与应用》，重庆大学出版社 2010 年版。

吴明隆：《问卷统计分析实务：SPSS 操作与应用》，重庆大学出版社 2010 年版。

吴延兵：《企业规模、市场力量与创新：一个文献综述》，《经济研究》2007 年第 5 期。

伍振华：《知识与信息的定义及其关系新探》，《知识与信息的定义及其关系新探》2003 年第 10 期。

熊鸿儒、王毅、林敏、吴贵生：《技术轨道研究：述评与展望》，《科学学与科学技术管理》2012 年第 7 期。

徐建敏：《知识密集型服务业创新过程及关键性影响因素研究》，博士学位论文，上海交通大学，2008 年。

杨蕙馨、王嵩：《技术创新能力对中小企业成长性的影响研究——以中小板制造业上市公司为例》，《东岳论丛》2013 年第 2 期。

张军：《企业创新活力测评指标体系初探》，《生产力研究》2004 年第 5 期。

张显峰：《基于成长性和创新能力的中国创业板上市公司价值评估研究》，博士学位论文，吉林大学，2012 年。

张永伟：《从追赶到前沿：技术创新与产业升级之路》，中信出版社 2011 年版。

郑雨：《技术范式与技术创新》，《技术与创新管理》2006 年第 4 期。

中国证券业协会：《〈证券公司风险处置条例〉学习辅导读本》，中国财政经济出版社 2008 年版。

周黎安、罗凯：《企业规模与创新：来自中国省级水平的经验证据》，《经济学》（季刊）2005 年第 3 期。

周晓东、项保华：《什么是企业竞争优势?》，《科学学与科学技术管理》2003 年第 6 期。

朱国军、吴价宝、董诗笑、张宏远：《高管团队人口特征、激励与创新绩效的关系研究——来自中国创业板上市公司的实证研究》，《中国科技论坛》2013 年第 6 期。

Acedo, F. J. , Barroso, C. , Galan, J. L. , 2006, "The Resource-based Theory: Dissemination and Main Trends", *Strategic Management Journal*, 27 (7), 621 – 636.

Acs, Z. J. , Audretsch, D. B. , 1988, "Innovation in Large and Small Firms: An Empirical Analysis", *American Economic Review*, 78, 678 – 690.

Acs, Z. J. , Audretsch, D. B. , 1993, "Analysing Innovation Output Indicators: the US Experience", in A. Kleinknecht and D. Bain (eds.), *New Concepts in Innovation Output Measurement*, London and Basingstoke: Macmillan.

Alavi, M. , Leidner, D. E. , 2001, "Review: Knowledge Management and Knowledge Management Systems: Conceptual Foundations and Research Issues", *MIS Quarterly*, 25, 107 – 133.

Alderson, W. , 1965, *Dynamic Marketing Behavior: A Functionalist Theory of Marketing*, Ohio: R. D. Irwin.

Alegre, J. , Sengupta, K. , Lapiedra, R. , 2011, "Knowledge Management and the Innovation Performance in a High-tech SMEs Industry", *International Small Business Journal*, 35, 1 – 18.

Allee, V. , 1997, "Twelve Principles of Knowledge Management", *Training & Development*, 51 (11), 71 – 74.

Amara, N. , Landry, R. , 2005, "Sources of Innovation as Determinants of Novelty of Innovation in Manufacturing Firms: Evidence from the 1999 Statistics Canada Innovation Survey", *Technovation*, 25, 245 – 259.

Ancori, B. , Bureth A. , Cohendet, P. , 2000, "The Economics of Knowledge: The Debate about Codification and Tacit Knowledge", *Industrial Dynamics and Corporate Change*, 9: 255 – 287.

Angelmar, R. , 1985, "Market Structure and Research Intensity in High Technological Opportunity Industries", *Journal of Industrial Economics*, 34 (1), 69 – 79.

Ansoff, H. , I. , McDonnell, E. , 1990, *Implanting Strategic Management*, UK: Prentice Hall.

Ansoff, H. I. , 1956, *Corporate Strategy: An Analytic Approach to Business Policy for Growth and Expansion*, New York: McGraw-Hill.

Arbussa, A. , Coenders, G. , 2007, "Innovation Activities, Use of Appropriation Instruments and Absorptive Capacity: Evidence from Spanish Firms", *Research Policy*, 36 (10), 1545 – 1558.

Armstrong, C. E. , Shimizu, K. , 2007, "A Review of Approaches to Empirical Research on the Resource-based View of the Firm", *Journal of Management*, 33 (6), 959 – 986.

Arora, A. , Nandkumar, A. , 2012, "Insecure Advantage? Markets for Technology and the Value of Resources for Entrepreneurial Ventures", *Strategic Management Journal*, 33 (3), 231 – 251.

Arranz, N. , and J. C. F. Arroyabe, 2008, "The Choice of Partners in R&D Cooperation: An Empirical Analysis of Spanish Firms", *Technovation*, 28

(1/2), 88 – 100.

Arrow, K., 1962, "The Economic Implications of Learning by Doing", *Review of Economic Studies*, 29, 155 – 173.

Arthur, W. B., 1994, *Increasing Returns and Path Dependency in the Economy*, Ann Arbor: The University of Michigan Press.

Braczyk, H. J. et al., 1998, *Regional Innovation Systems*, London: UCL Press.

Arvantis, S., Hollenstein, H., 1994, "Demand and Supply Factors in Explaining the Innovative Activity of Swiss Manufacturing Firms", *Economics of Innovation and New Technology*, 3, 15 – 30.

Arvantis, S., Hollenstein, H., 1996, "Industrial Innovation in Switzerland: A Model Based-analysis with Survey Data", In: Kleinknecht, A. (Ed.), *Determinants of Innovation, The Message from New Indicators*, London: Macmillan.

Atuahene-Gima, K., Slater, S. F., Olson, E. M., 2005, "The Contingent Value of Responsive and Proactive Market Orientations for New Product Program Performance", *Journal of Product Innovation Management*, 22 (6), 464 – 482.

Audretsch, D. B., 1995, *Innovation and Industry Evolution*, Cambridge, Mass: MIT Press.

Aw, B. Y., Roberts, M. J., and Winston, T., 2007, "Export Market Participation, Investments in R&D and Worker Training, and the Evolution of Firm Productivity", *The World Economy*, 30, 83 – 104.

Hall, B. Y., Lotti, F., Mairesse, J., 2009, "Innovation and Productivity in SMEs: Empirical Evidence from Italy", *Small Business Economics*, 33, 13 – 33.

Barbosa, N., Faria, A. P., 2011, "Innovation across Europe: How Important are Institutional Differences?" *Research Policy*, 40 (9), 1157 – 1169.

Barkema, H. G., Vermeulen, F., 1998, "International Expansion through Start-up or through Acquisition: An Organizational Learning Perspective", *Academy of Management Journal*, 41 (7), 7 – 26.

Barker III, V. L., Mueller, G. C., 2002, "CEO Characteristics and Firm

R&D Spending", *Management Science*, 48 (6), 782 – 802.

Barney, J. B. , 1986a, "Strategic Factor Markets: Expectations, Luck, and Business Strategy", *Management Science*, 32 (10), 1231 – 1241.

Barney, J. B. , 1986b, "Organizational Culture: Can It be a Source of Sustained Competitive Advantage?", *Academy of Management Review*, 11 (3), 656 – 665.

Barney, J. B. , 1991, "Firm Resources and Sustained Competitive Advantage", *Journal of Management*, 17 (1), 99 – 120.

Barney, J. B. , 2001, "Resource-based Theories of Competitive Advantage: A Ten-year Retrospective on the Resource-based View", *Journal of Management*, 6, 643 – 650.

Barney, J. B. , Clark, D. N. , 2007, *Resource-Based Theory: Creating and Sustaining Competitive Advantage*, Oxford: Oxford University Press.

Baron, R. M. , & Kenny, D. A. , 1986, "The Moderator-mediator Variable Distinction in Social Psychological Research: Conceptual, Strategic and Statistical Considerations", *Journal of Personality and Social Psychology*, 51 (6), 1173 – 1182.

Barreto, I. , 2010, "Dynamic Capabilities: A Review of Past Research and an Agenda for the Future", *Journal of Management*, 36, 256 – 280.

Becker, W. , Dietz, J. , 2004, "R&D Cooperation and Innovation Activities of Firms-evidence for the German Industry", *Research Policy*, 33, 209 – 223.

Benner, M. J. , Tushman, M. L. , 2003, "Exploitation, Exploration, and Process Management: The Productivity Dilemma Revisited", *Academy of Management Review*, 238 – 256.

Besanko, D. , Dranove, D. , Shanley, M. , Schaefer, S. , 2009, *Economics of Strategy*, NJ: Wiley.

Blundell, R. , Griffith, R. and Van Reenen, J. , 1995, "Dynamic Count Data Models of Technological Innovation", *Economic Journal*, 105 (429), 333 – 344.

Bogliacini, F. , Perani, G. , Pianta, M. , Supino, S. , 2012, "Innovation and Development: The Evidence from Innovation Surveys", *Latin American Business Review*, 13 (3), 219 – 261.

Bogner, W. C. , Bansal, P. , 2007, "Knowledge Management as the Basis of Sustained High Performance", *Journal of Management Studies*, 44 (1), 165 – 188.

Boisot M. H. , Cox B. , 1999, "The I-Space, A Framework for Analyzing the Evolution of Social Computing", *Technovation*, 19, 525 – 536.

Bound, J. , Cummins, C. , Griliches, Z. , Hall, B. H. and Jaffe, A. , 1984, "Who Does R&D and Who Patents?", in Griliches, Z. (ed.), *R&D, Patents and Productivity*, Chicago: University of Chicago Press.

Braga, H. and Willmore, L. , 1991, "Technological Imports and Technological Effort: An Analysis of their Determinants in Brazilian Firms", *Journal of Industrial Economics*, 39 (4), 421 – 432.

Breschi S. , Malerba F. , Orsenigo L. , 2000, "Technological Regimes and Schumpeterian Patterns of Innovation", *Economic Journal*, 110 (April), 388 – 410.

Broadberry, S. and Crafts, N. , 2000, "Competition and Innovation in 1950s Britain", Working paper, No. 57, London School of Economics.

Brouwer, E. , Kleinknecht, A. , 1996, "Firm Size, Small Business Presence and Sales of Innovative Products: A Micro-Econometric Analysis", *Small Business Economics*, 8, 189 – 201.

Brusoni, S. , Prencipe, A. , Pavitt, K. , 2001, "Knowledge Specialization and the Boundaries of the Firm: Why do Firms Know more than They Make?", *Administrative Science Quarterly*, 46, 597 – 621.

Bush, Vannevar, 1945, *Science: The Endless Frontier*, U. S. Office of Scientific Research and Development, Report to the President on a Program for Postwar Scientific Research, Government Printing Office, Washington, D. C.

Droge, C. , Calantone, R. , Harmancioglu, N. , 2008, "New Product Success: Is it Really Controllable by Managers in Highly Turbulent Environments?", *Journal of Product Innovation Management*, 25 (3), 272 – 286.

Koberg, C. S. , Detienne, D. R. , Heppard, K. A. , 2003, "An Empirical Test of Environmental, Organizational, and Process Factors Affecting Incremental and Radical Innovation", *Journal of High Technology Management Research*, 14, 21 – 45.

Calantone, R. J. , Harmancioglu, N. , Droge, C. , 2010, "Inconclusive Innovation Returns: A Meta-analysis of Research on Innovation in New Product Development", *Journal of Product Innovation Management*, 27 (7), 1065 – 1081.

Caldera, A. , 2009, "Innovation and Exporting: Evidence from Spanish Manufacturing Firms", ECARES working paper 2009 – 14, Brussels.

Caloghirou, Y. , Kastelli, I. , Tsakanikas A. , 2004, "Internal Capabilities and External Knowledge Sources: Complements or Substitutes for Innovative Performance", *Technovation*, 24, 29 – 39.

Cappelli, R. , Czarnitzki, D. , Kraft, K. , 2014, "Sources of Spillovers for Imitation and Innovation", *Research Policy*, 43 (1), 115 – 120.

Caraca, J. , Lundvall, B. A. , Mendon, S. , 2009, "The Changing Role of Science in the Innovation Process: From Queen to Cinderella?", *Technological Forecasting & Social Change*, 76: 861 – 867.

Carayannis, E. , Province, M. , 2008, "Measuring Firm Innovativeness: towards Acomposite Innovation Index Built on Firm Innovative Posture, Propensity and Performance Attributes", *International Journal of Innovation and Regional Development*, 1 (1), 90 – 107.

Castellacci, F. , 2008, "Technological Paradigms, Regimes and Trajectories: Manufacturing and Service Industries in a New Taxonomy of Sectoral Patterns of Innovation", *Research Policy*, 37 (6 – 7), 978 – 994.

Castillo J. , 2002, "A Note on the Concept of Tacit Knowledgance", *Journal of Management Inquiry*, 11 (1), 46 – 57.

Ceccagnoli, M. , 2009, "Appropriability, Preemption, and Firm Performance", *Strategic Management Journal*, 30 (1), 81 – 98.

Cepeda, G. , Vera, D. , 2007, "Dynamic Capabilities and Operational Capabilities: A Knowledge Management Perspective", *Journal of Business Research*, 60, 426 – 437.

Chamberlin, E. , 1933, *The Theory of Monopolistic Competition*, MA: Harvard University Press.

Chandler, A. D. , 1962, *Strategy and Structure: Chapters in the History of the American Industrial Enterprise*, Cambridge, M. A. : MIT Press.

Chatterjee, S. , Wernerfelt, B. , 1991, "The Link between Resources and Type of Diversification: Theory and Evidence", *Strategic Management Journal*, 12 (1), 33 –48.

Chen, M. , Miller, D. , 1994, "Competitive Attacks, Retaliation and Performance: An Expectancy-Valence Framework", *Strategic Management Journal*, 15 (2), 85-102.

Chesbrough, H. , 2003, *Open Innovation: The New Imperative for Creating and Profiting from Technology*, MA: Harvard Business School.

Clausen, T. H. , Korneliussen, T. , Madsen, E. L. , 2013, "Modes of Innovation, Resources and their Influence on Product Innovation: Empirical Evidence from R&D Active Firms in Norway", *Technovation*, 33, 225 –233.

Cohen, W. , Klepper, S. , 1996, "A Reprise of Size and R&D", *Economic Journal*, 437, 925 –951.

Cohen, W. and Levinthal, D. , 1990, "Absorptive Capacity: A New Perspective on Learning and Innovation", *Administrative Science Quarterly*, 35, 128 –152.

Cohen, W. M. , R. R. Nelson, and J. P. Walsh, 2000, "Protecting their Intellectual Assets: Appropriability Conditions and Why U. S. Manufacturing Firms Patent", Working paper 7552, National Bureau of Economic Research, Inc. , Cambridge, MA.

Conner, K. R. , Prahalad, C. K. , 1996, "A Resource-Based Theory of the Firm: Knowledge Versus Opportunism", *Organization Science*, 7 (5), 477 –501.

Connolly, R. A. and Hirschey, M. , 1984, "R&D, Market Structure and Profits: A Value-Based Approach", *Review of Economics and Statistics*, 66 (4), 682 –686.

Cooke, P. , 2001, "Regional Innovation Systems, Clusters, and the Knowledge Economy", *Industrial and Corporate Change*, 10, 945 –974.

Coombs, R. , Hull, R. , 1998, "Knowledge Management Practices' and Path-dependency in Innovation", *Research Policy*, 27, 237 –253.

Coombs, R. , Saviotti, P. , Walsh, V. , 1987, *Economics and Technological Change*, London: MacMillan Education Ltd.

Cornner, K. R. , 1991, "A Historical Comparison of Resource Based Theory and Five Schools of Thought Within Industrial Organization Economics: Do

We Have a New Theory of the Firm?", *Journal of Management*, 17 (1), 121 – 154.

Cowan, R. , David, P. A. , Foray, D. , 2000, "The Explicit Economics of Knowledge Codification and Tacitness", *Industrial Dynamics and Corporate Change*, 9, 211 – 253.

Craighead, C. W. , Hult, G. T. M. , Ketchen Jr. , D. J. , 2009, "The Effects of Innovation-cost Strategy, Knowledge, and Action in the Supply Chain on Firm Performance", *Journal of Operations Management*, 27 (5), 405 – 421.

Cronbach, L. J. , 1951, "Coefficient Alpha and the Internal Structure of Tests", *Psychometrika*, 16, 297 – 334.

Crook, T. R. , Ketchen Jr. , D. J. , Combs, J. G. , & Todd, S. Y. , 2008, "Strategic Resources and Performance: A Meta-analysis", *Strategic Management Journal*, 29, 1141 – 1154.

Crossan, M. M. , Lane, H. W. , White, R. E. , 1999, "An Organizational Learning Framework: From Intuition to Institution", *Academy of Management Review*, 24 (3), 522 – 537.

Darroch J. , 2002, "Examining the Link between Knowledge Management Practices and Types of Innovation", *Journal of Intellectual Capital*, 3 (3), 210 – 220.

Davenport, T. H. , Prusak, L. , 1998, *Working knowledge*, Boston, MA: Harvard Business School Press.

Day, G. S. , Wensley, R. , 1988, "Assessing Advantage: A Framework for Diagnosing Competitive Superiority", *Journal of Marketing*, 52 (2), 2.

Demsetz, H. , 1973, "Industry Structure, Market Rivalry and Public Policy", *Journal of Law and Economics*, 16: 1 – 9.

Demsetz, H. , 1988, "The Theory of the Firm Revisited", *Journal of Law, Economics, and Organization*, 4 (1), 141 – 161.

Dierickx, I. , Cool, K. , 1989, "Asset Stock Accumulation and Sustainability of Competitive Advantage", *Management Science*, 35, 1504 – 1513.

Dijk, M. , Yarime, M. , 2010, "The Emergence of Hybrid-electric Cars: Innovation Path Creation through Co-evolution of Supply and Demand", *Technological Forecasting & Social Change*, 77 (8), 1371 – 1390.

Dosi G. , 1982, "Technological Paradigms and Technological Trajectories", *Research Policy*, 11 (3), 147 – 162.

Dosi, G. , 1988, "Sources, Procedures and Microeconomic Effects of Innovation", *Journal of Economic Literature*, 26, 1120 – 1171.

Dosi, G. , Freeman, C. , Nelson, R. , Silverberg, G. , Soete, L. G. , 1988, *Technical Change and Economic Theory*, London: Pinter.

Dougherty, D. , 1992, "A Practice-centered Model of Organization Renewal through Product Innovation", *Strategic Management Journal*, 13: 77 – 93.

Drucker, P. , 1993, *Post Capitalist Society*, New York: Butterworth Heineman.

Durst, S. , & Edvardsson, I. R. , 2012, "Knowledge Management in SMEs: A Literature Review", *Journal of Knowledge Management*, 16 (6), 879 – 903.

E. Kirner, S. Kinkel, A. Jaeger, 2009, "Innovation Paths and the Innovation Performance of Low-technology Firms: An Empirical Analysis of German Industry", *Research Policy*, 38, 447 – 458.

Eberhart, A. C. , Maxwell, W. F. , Siddique, A. R. , 2004, "An Examination of Long-termabnormal Stock Returns and Operating Performance Following R&D Increases", *Journal of Finance*, 59 (2), 623 – 650.

Edquist, C. , Hommen, L. , McKelvey, M. , 2001, *Innovation and Employment*, *Process versus Product Innovation*, Cheltenham: Elgar.

Fagerberg, J. , 1996, "Technology and Competitiveness", *Oxford Review of Economic Policy*, 12, 39 – 51.

Fagerberg, J. , 2000, "Vision and Fact: A Critical Essay on the Growth Literature", in Madrick, J. (ed.), *Unconventional Wisdom*, *Alternative Perspectives on the New Economy*, The Century Foundation, New York.

Fagerberg, J. , 2002, *Technology*, *Growth and Competitiveness: Selected Essays*, Cheltenham: Edward Elgar.

Fagerberg, J. , Verspagen, B. , 2002, "Technology-Gaps, Innovation-Diffusion and Transformation: An Evolutionary Interpretation", *Research Policy*, 31, 1291 – 1304.

Fagerberg, J. , Mowery, D. C. , Nelson, R. R. , 2006, *The Oxford Handbook of Innovation*, Oxford: Oxford University Press.

Faucher, J. , Everett, A. , Lawson, R. , 2008, "Reconstituting Knowledge Management", *Journal of Knowledge Management*, 12 (3), 3 – 16.

Feng, T. , Sun, L. , Zhang, Y. , 2010, "The Effects of Customer and Supplier Involvementon Competitive Advantage: An Empirical Study in China", *Industrial Marketing Management*, 29 (8), 1384 – 1394.

Fernandez, Z. , & Nieto, M. J. , 2005, "Internationalization Strategy of Small and Mediumsized Family Businesses: Some Influential Factors", *Family Business Review*, 18 (1), 77 – 89.

Freel, M. , 2003, "Sectoral Patterns of Small Firm Innovation, Networking and Proximity", *Research Policy*, 32, 751 – 770.

Freeman, C. , 1987, *Technology Policy and Economic Performance: Lessons from Japan*, London: Pinter.

Freeman, C. , 1982, *The Eeonomies of Industrial Innovation*, MA: MIT Press.

Freeman, C. , Louca, F. , 2001, *As Time Goes By: From the Industrial Revolutions to the Information Revolution*, Oxford: Oxford University Press.

Freeman, C. , Soete, L. , 1997, *The Economics of Industrial Innovation*, Third Ed. , London: Pinter.

Galbraith, J. K. , 1952, *American Capitalism: The Concept of Countervailing Power*, Boston: Houghton Mifflin.

Galbraith, J. K. , 1956, *American Capitalism*, Revised edition, Boston: Houghton Mifflin.

Galende, J. , De la Fuente, J. M. , 2003, "Internal Factors Determining a Firms Innovative Behaviour", *Research Policy*, 32 (5), 715 – 736.

Ganotakis, P. , Lovey J. H. , 2010, "R&D, Product Innovation, and Exporting: Evidence from UK New Technology Based Firms", *Oxford Economic Papers*, 63, 279 – 306.

Garcia-Perez, A. , Ayres, R. , 2010, "Wikifailure: The Limitations of Technology for Knowledge Sharing", *Electronic Journal of Knowledge Management*, 8 (1), 43 – 52.

Gatignon, H. , Tushman, M. L. , Smith, W. , & Anderson, P. , 2002, "A Structural Approach to Assessing Innovation: Construct Development of Innovation Locus, Type and Characteristics", *Management Science*, 48 (9),

1103 – 1122.

Gayle, P. G. , 2001, "Market Concentration and Innovation: New Empirical Evidence on the Schumpeterian Hypothesis", Discussion Papers in Economics, working paper No. 01 – 14, Center for Economic Analysis, University of Colorado.

Geroski, P. A. , 1990, "Innovation, Technological Opportunity, and Market Structure", *Oxford Economic Papers*, *New Series*, 42 (3), 586 – 602.

Gold, A. H. , Malhotra, A. and Segars, A. H. , 2001, "Knowledge Management: An Organizational Capabilities Perspective", *Journal of Management Information Systems*, 18 (1), 185 – 214.

Grant, K. , 2007, "Tacit knowledge revisited, We Can Still Learn from Polanyi", *The Electronic Journal of Knowledge Management*, 5 (2), 173 – 180.

Grant, R. M. , 1996, "Toward a Knowledge-Based Theory of the Firm", *Strategic Management Journal*, 17 (Winter Special Issue), 109 – 122.

Gulbrandsen, M. , Nerdrum, L. , 2009, "University-industry Relations in Norway", In: Fagerberg, J. , Mowery, D. C. , Verspagen, B. (Eds.), *Innovation*, *Path Dependency*, *and Policy: The Norwegian Case*, Oxford University Press, Oxford.

Guthrie, J. P. , Datta, D. K. , 2008, "Dumb and Dumber: The Impact of Downsizing on Firm Performance as Moderated by Industry Conditions", *Organization Science*, 19 (1), 108 – 123.

Li, H. , Atuahene-Gima, K. , 2001, "Product Innovation Strategy and the Performance of New Technology Ventures in China", *Academy of Management Journal*, 44, 1123 – 1134.

Salavou, H. , 2004, "The Concept of Innovativeness: Should we Need to Focus?", *European Journal of Innovation Management*, 7, 33 – 44.

Harabi, N. , 1995, "Appropriability of Technical Innovations: An Empirical Analysis", *Research Policy*, 24, 981 – 992.

Harris, R. I. D. , Trainor, M. , 1995, "Innovations and R&D in Northern Ireland Manufacturing: A Schumpeterian Approach", *Regional Studies*, 29, 593 – 604.

Hayek, F. A. , 1945, "The Use of Knowledge in Society", *American Economic*

Review, 35 (4), 519 – 532.

Hayvaert, C. , H. , 1973, *Innovation Research and Product Policy: Clinical Research in 12 Belgian Industrial Enterprises*, Catholic University of Louvain, Belgium.

Helfat, C. E. , Peteraf, M. A. , 2003, "The Dynamic Resource-based view: Capability Lifecycles", *Strategic Management Journal*, 24, 997 – 1010.

Helfat, C. E. , Peteraf, M. A. , 2009, "Understanding Dynamic Capabilities: Progress along a Developmental Path", *Strategic Organization*, 7 (1), 91 – 102.

Hendricks, K. B. , Singhal, V. R. , 2008, "The Effect of Product Introduction Delays on operating Performance", *Management Science*, 54 (5), 878 – 892.

Hess, A. M. , Rothaermel, F. T. , 2011, "When are Assets Complementary? Star Scientists, Strategic Alliances, and Innovation in the Harmaceutical Industry", *Strategic Management Journal*, 32 (8), 895 – 909.

Hicks, R. C. , Dattero, R. and Galup, S. D. , 2006, "The Five-tier Knowledge Management Hierarchy", *Journal of Knowledge Management*, 10 (1), 19 – 31.

Hinkin, T, K. , 1998, "A Brief Tutorial on the Development of Measures for Use in Survey Questionnaires", *Organizational Research Methods*, 1, 104 – 121.

Hobday, M. , 2000, East versus Southeast Asian Innovation Systems: Comparing OEM-and TNC-led Growth in Electronics, in L. Kim and R. R. Nelson: *Technology, Learning & Innovation: Experiences of Newly Industrializing Economies*, Cambridge: Cambridge University Press.

Hofer, C. W. , Schendel, D. , 1978, *Strategy Formulation: Analytic Concepts*, St. Paul: West.

Hoffman, Nicole P. , 2000, "An Examination of the 'Sustainable Competitive Advantage' Concept: Past, Present, and Future", *Academy of Marketing Science Review*.

Howe, J. D. , McFetridge, D. G. , 1976, "The Determinants of R&D Expenditures", *Canadian Journal of Economics*, 9 (1), 57 – 71.

Hsu, C. , Lien, Y. , & Chen, H. , 2013, "International Ambidexterity and Firm Performance in Small Emerging Economies", *Journal of World Busi-*

ness, 48, 58 – 67.

Huber, G. P. , 1991, "Organizational Learning, the Contributing Processes and the Literatures", *Organization Science*, 3, 88 – 115.

Hughes, M. , Hughes, M. , Martin, S. L. , Morgan, R. E. , & Robson, M. J. , 2010, "Realizing Product-market Advantage in High-technology International New Ventures: The Mediating Role of Ambidextrous Innovation?", *Journal of International Marketing*, 18 (4), 1 – 21.

Inkpen, A. C. , Dinur, A. , 1998, "Knowledge Management Process and International Joint Venture", *Organization Science*, 19 (4), 454 – 468.

INSEAD, 2011, *The Global Innovation Index* 2011: *Accelerating Growth and Development*, Fontainebleau: Insead.

Moodysson, J. , Coenen, L. , Asheim, B. T. , 2008, "Explaining Spatial Patterns of Innovation: Analytical and Synthetic Modes of Knowledge Creation in the Medicon Valley Life-science Cluster", *Environment and Planning A*, 40, 1040 – 1056.

Narver, J. , Slater, S. , MacLachlan, D. , 2004, "Responsive and Proactive Market Orientation and New-product Success", *Journal of Product Innovation Management*, 21, 334 – 347.

Gans, J. S. , Hsu, D. H. , Stern, S. , 2002, "When does Start-up Innovation Spur the Gale of Creative Destruction?", *RAND Journal of Economics*, 33 (4), 571 – 586.

Jadlow, J. M. , 1981, "New Evidence on Innovation and Market Structure", *Managerial and Decision Economics*, 2 (2), 91 – 96.

Jaffe, A. B. , 1988, "Demand and Supply Influences in R&D Intensity and Productivity Growth", *Review of Economics and Statistics*, 70 (3), 431 – 437.

Jaw, B. S. , Wang, C. Y. P. , Chen, Y. H. , 2006, "Knowledge Flows and Performance of Multinational Subsidiaries: The Perspective of Human capital", *Journal of Human Resource Management*, 17 (2), 225 – 244.

Joshi, A. W. , Sharma, S. , 2004, "Customer Knowledge Development: Antecedents and Impact on New Product Performance", *Journal of Marketing*, 68 (4), 47 – 59.

Tsai, K. , Hsieh, M. , Hultink, E. , 2011, "External Technology Acquisition and Product Innovativeness: The Moderating Roles of R&D Investment and Configurational Context", *Journal of Engineering and Technology Management*, 28 (3), 84 – 200.

K. Tsai, 2005, "R&D Productivity and Firm Size: A Nonlinear Examination", *Technovation*, 25 (2005), 795 – 803.

Zhou, K. Z. , Li, C. B. , 2012, "How Knowledge Affects Radical Innovation: Knowledge Base, Market Knowledge Acquisition, and Internal Knowledge Sharing", *Strategic Management Journal*, 33 (9), 1090 – 1102.

Kamien, M. I. , Schwartz, N. L. , 1970, "Market Structure, Elasticity of Demand and Incentive to Invent", *Journal of Law and Economics*, 13, 241 – 252.

Kaplan, A. D. , 1954, *Big Enterprise in a Competitive System*, Washington, D. C.

Keizer, J. , Dijkstra, L. , Halman, J. , 2002, "Explaining Innovative Efforts of SMEs: An Exploratory Survey among SMEs in the Mechanical and Electrical Engineering Sector in The Netherlands", *Technovation*, 22, 1 – 13.

Kim, L. , 2001, "The Dynamics of Technological Learning in Industrialisation", *International Social Science Journal*, 53 (168), 297 – 308.

Kim, S. S. , and Huarng, K. H. , 2011, "Winning Strategies for Innovation and High-technology Products Management", *Journal of Business Research*, 64 (11), 1147 – 1150.

Kim, L. , Nelson, R. R. , 2000, *Technology, Learning & Innovation: Experiences of Newly Industrializing Economies*, Cambridge: Cambridge University Press.

Kline, S. J. , Rosenberg, N. , 1986, "An Overview of Innovation", in: R. Landau, N. Rosenberg (Eds.), *The Positive Sum Strategy: Harnessing Technology for Economic Growth*. Washington, D. C. : National Academy Press.

Koeller, C. T. , 1995, "Innovation, Market Structure and Firm Size: A Simultaneous Equations Model", *Managerial and Decision Economics*, 16 (3), 259 – 269.

Kogut, B. , Zander, U. , 1992, "Knowledge of the Firm and the Evolutionary Theory of the Multinational Corporation", *Journal of International Business Studies*, 24 (4), 625 –645.

Kraft, K. , 1989, "Market Structure, Firm Characteristics and Innovative Activity", *Journal of Industrial Economics*, 37 (3), 329 – 336.

Krugman, P. , 1979, "A Model of Innovation, Technology Transfer and the World Distribution of Income", *Journal of Political Economy*, 87, 253 – 266.

Kudsen, T. , & Madsen, T. K. , 2002, "Export Strategy: A Dynamic Capabilities Perspective", *Scandinavian Journal of Management*, 18, 475 – 502.

Kupfer, A. , 1997, "IS LUCENT REALLY AS GOOD AS IT SEEMS?", *Fortune*, May 26.

De Luca, L. , Verona, G. , Vicari, S. , 2010, "Market Orientation and R&D Effectiveness in High-technology Firms: An Empirical Investigation in the Biotechnology Industry", *Journal of Product Innovation Management*, 27, 299 – 320.

De Luca, L. M. , Atuahene-Gima, K. , 2007, "Market Knowledge Dimensions and Cross-functional Collaboration: Examining the Different Routes to Product Innovation Performance", *Journal of Marketing*, 71 (1), 95 – 112.

Sainio, L. , Ritala, P. , Hurmelinna-Laukkanen, P. , 2012, "Constituents of Radical Innovation-exploring the Role of Strategic Orientations and Market Uncertainty", *Technovation*, 32, 591 – 599.

Lai, W. H. , Chang, P. L. , 2010, "Corporate Motivation and Performance in R&D Alliances", *Journal of Business Research*, 63, 490 – 496.

Lance, C. E. , Butts, M. M. , Michels, L. C. , 2006, "The Sources of Four Commonly Reported Cutoff Criteria: What did they Really Say?", *Organizational Research Methods*, 9, 202 – 220.

Langerak, F. , Hultink, E. J. , Robben, H. S. , 2004, "The Impact of Market Orientation, Product Advantage, and Launch Proficiency on New Product Performance and Organizational Performance", *Journal of Product Innovation Management*, 21 (2), 79 – 94.

Langrish, J. , Gibbons, M. , Evans, W. , G. , Jevons, F. , R. , 1972, *Wealth from Knowledge: A Study of Innovation in Industry*, London: Palgrave Macmillan.

Laursen, K. , & Salter, A. , 2006, "Open for Innovation: The Role of Openness in Explaining Innovation Performance among U. K. Manufacturing Firms", *Strategic Management Journal*, 27 (2), 131 – 150.

Lavie, D. , 2006, "The Competitive Advantage of Interconnected Firms: An Extension of the Resource-based View", *Academy of Management Review*, 31 (3), 638 – 658.

Lederman, D. , Maloney, W. F. , 2003, "R&D and Development", World Bank Policy Research Working Paper, No. 3024.

Lee Chang-Yang, 2005, "A New Perspective on Industry R&D and Market Structure", *Journal of Industrial Economics*, (1), 101 – 122.

Lee, K. , Lim, C. , 2001, "Technological Regimes, Catching-up and Leapfrogging: Findings from the Korean Industries", *Research Policy*, 30 (3), 459 – 483.

Lee, S. , Park, G. , Yoon, B. , Park, J. , 2010, "Open Innovation in SMEs— An Intermediated Network Model", *Research Policy*, 39, 290 – 300.

Levin, R. C. , Cohen, W. M. and Mowery, D. C. , 1985, "R&D Appropriability, Opportunity, and Market Structure: New Evidence on Some Schumpeterian Hypotheses", *American Economic Review*, *Papers and Proceedings*, 75 (2), 20 – 24.

Levin, R. C. and Reiss, P. C. , 1984, "Tests of a Schumpeterian Model of R&D and Market Structure", in Griliches, Z. (ed.), *R&D*, *Patents and Productivity*, Chicago: University of Chicago Press.

Li M. , Gao F. , 2003, "Why Nonaka Highlights Tacit Knowledge: A Critical Review", *Journal of Knowledge Management*, 7 (4), 6 – 14.

Liao, T. S. , Rice, J. , 2010, "Innovation Investments, Market Engagement and Financial Performance: A Study among Australian Manufacturing SMEs", *Research Policy*, 39 (1), 117 – 125.

Lieberman, M. B. , Montgomery, D. B. , 1988, "First-mover Advantages", *Strategic Management Journal*, 9 (S1), 41 – 58.

Lippman, S. A. Rumelt, D. P. , 1982, "Uncertain Imitability: An Analysis of Interfirm Differences in Efficiency Under Competition", *The Bell Journal of*

Economics, 13 (2), 418 – 438.

Lundvall, B. A. , 1992, *National Systems of Innovation: Towards a Theory of Innovation and Interactive Learning*, London: Pinter.

Lunn, J. , 1986, "An Empirical Analysis of Process and Product Patenting: A Simultaneous Equation Framework", *Journal of Industrial Economics*, 34 (3), 319 – 330.

Jensen, M. B. , Johnson, B. , Lorenz, E. , Lundvall. , B. A. , 2007, "Forms of Knowledge and Modes of Innovation", *Research Policy*, 36, 680 – 693.

Ciftci, M. , Cready, W. M. , 2011, "Scale Effects of R&D as Reflected in Earnings and Returns", *Journal of Acounting and Economics*, 52, 62 – 80.

Dodgson, M. , Gann, D. , Salter, A. , 2006, "The Role of Technology in the Shift Towards Open Innovation: The Case of Proctor and Gamble", *R&D Management*, 36 (3), 333 – 346.

Macher, J. T. , Boerner, C. , 2012, "Technological Development at the Boundaries of the Firm: A Knowledge-based Examination in Drug Development", *Strategic Management Journal*, 33 (9), 1016 – 1036.

MacKenzie, S. B. , Podsakoff, P. M. and Jarvis, C. B. , 2005, "The Problem of Measurement Model Misspecification in Behavioral and Organizational Research and Some Recommended Solutions", *Joumal of Applied Psychology*, 90 (4), 710 – 730.

Maddison, A. , 1991, *Dynamic Forces in Capitalist Oevelopment*, Oxford: Oxford University Press.

Makadok, R. , 2001, "Toward a Synthesis of the Resource-based and Dynamic-capability Views of Rent Creation", *Strategic Management Journal*, 22, 387 – 401.

Malerba, F. , Nelson, R. R. , Orsenigo, L. , Winter, S. G. , 1999, "History-friendly Models ofIndustry Evolution: The Computer Industry", *Industrial Dynamics and Corporate Change*, 8, 1 – 36.

Malerba, F. , Orsenigo, L. , 1993, "Technological Regimes and Firm Behavior", *Industrial and Corporate Change*, 2 (1), 45 – 71.

Malerba, F. , Orsenigo, L. , 1996, "The Dynamics and Evolution of Industries", *Industrial and Corporate Change*, 5 (1), 51 – 87.

Malerba, F., Orsenigo, L., 1997, "Technological Regimes and Sectoral Patterns of Innovative Activities", *Industrial and Corporate Change*, 6 (1), 83 - 117.

Malhotra. F., 1999, *Knowledge: Its Creation Distribution and Economic Significance*, USA: Princeton University Press.

Mankiw, N. G., 2011, *Principles of Economics*, MA: Cengage Learning.

Mansfield, E., 1963, "Size of Firm, Market Structure, and Innovation", *Journal of Political Economy*, 71 (6), 556 - 576.

Mansfield, E., 1981, "Composition of R and D Expenditures: Relationship to Size, Concentration, and Innovation Output", *Review of Economics and Statistics*, 62, 610 - 614.

Mansfield, E., 1986, "Patents and Innovation: An Empirical study", *Management Science*, 32, 173 - 181.

McEvily, S. K., Chakravarthy, B., 2002, "The Persistence of Knowledge-based Advantage: An Empirical Test for Product Performance and Technological Knowledge", *Strategic Management Journal*, 23 (4), 285 - 305.

Miller, D., Shamsie, J., 1996, "The Resource-Based View of the Firm in Two Environments: The Hollywood Film Studios from 1936 to 1965", *The Academy of Management Journal*, 39 (3), 519 - 543.

Mowery D., N. Rosenberg, 1998, *Paths of Innovation, Technological Change in 20th-Cemtury America*, Cambridge, UK: Cambridge University Press.

Myers, S., Marquis, D. G., 1969, "Successful Industrial Innovation: a study of Factors Underlying Innovation in Selected Firsms", National Science Foundation, Washinton D. C.

Becheikh, N., Landry, R., Amara, N., 2005, "Lessons from Innovation Empirical Studies in the Manufacturing Sector: A Systematic Review of the Literature from 1993 to 2003", *Technovation*, 26, 644 - 663.

Nag, R., Gioia, D. A., 2012, "From Common to Uncommon Knowledge: Foundations of Firm-specific Use of Knowledge as a Resource", *Academy of Management Journal*, 55 (2), 421 - 457.

Nelson, R. R., 2008, "Factors Affecting the Power of Technological Paradigms", *Industrial and Corporate Change*, 17 (3), 485 - 497.

Nelson, R. R. , Winter, S. G. , 1977, "In Search of Useful Theory of Innovation", *Research Policy*, 6 (1), 36 - 76.

Nelson, R. R. (ed.), 1993, *National Systems of Innovation: A Comparative Study*, Oxford: Oxford University Press.

Nelson, R. R. , Winter, S. G. , 1982, *An Evolutionary Theory of Economic Change*, MA: Harvard University Press.

Newbert, S. L. , 2007, "Value, Rareness, Competitive Advantage, and Performance: A Conceptual-level Empirical Investigation of the Resource-based View of the Firm", *Strategic Management Journal*, 29 (7), 745 - 768.

Nieto, M. , Quevedo, P. , 2005, "Absorptive Capacity, Technological Opportunity, Knowledge Spillovers, and Innovative Effort", *Technovation*, 25, 1141 - 1157.

Nonaka, I. and H. Takeuchi, 1995, *The Knowledge Creating Company*, Oxford: Oxford University Press.

OECD, 2005, *The Measurement of Scientific and Technological Activities: Guidelinesfor Collecting and Interpreting Innovation Data: Oslo Manual*, 3rd ed. , Prepared by the Working Party of National Experts on Scientific and Technology Indicators, OECD, Paris.

OECD, 2008, *Handbook on Constructing Composite Indicators: Methodology and User Guide*, OECD, Paris.

Paladino, A. , 2008, "Analyzing the Effects of Market and Resource Orientations on Innovative Outcomes in Times of Turbulence", *Journal of Product Innovation Management*, 25, 577 - 592.

Park, K. H. , Lee, K. , 2006, "Linking the Technological Regime to the Technologi cal Catch-up: Analyzing Korea and Taiwan using the US Patent Data", *Industrial and Corporate Change*, 15 (4), 715 - 753.

Patel, P. C. , Terjesen, S. , Li, D. , 2012, "Enhancing Effects of Manufacturing Flexibility through Operational Absorptive Capacity and Operational Ambidexterity", *Journal of Operations Management*, 30 (3), 201 - 220.

Pavitt, K. , Robson, M. , Townsend, J. , 1987, "The Size Distribution of Innovating Firms in the UK: 1945 - 1983", *Journal of Industrial Economics*,

35, 297 – 316.

Pavitt, K. , 1984, "Patterns of Technical Change: Towards a Taxonomy and a Theory", *Research Policy*, 13 (6), 343 – 374.

Peteraf, M. A. , 1993, "The Cornerstones of Competitive Advantage", *Strategic Management Journal*, 14 (3), 179 – 191.

Polanyi, M. , 1962, *Personal Knowledge: Towards a Post-critical Philosophy*, London: Routledge & Kegan Paul.

Porter, M. E. , 1979, "How Competitive Forces Shape Strategy", *Harvard Bussiness Review*, March-April: 137 – 156.

Porter, M. E. , 1980, *Competitieve Strategy*, New York: Free Press.

Porter, M. E. , 1981, "The Contributions of Industrial Organization To Strategic Management", *Academy of Management Review*, 6: 609 – 620.

Porter, M. E. , 1985, *Competitieve Advantage*, New York: Free Press.

Porter, M. E. , 1991, "Towards a Dynamic Theory of Strategy", *Strategic Management Journal*, 12: 95 – 118.

Prabhu, J. C. , Chandy, R. K. , Ellis M. E. , 2005, " The Impact of Acquisitions on Innovation: Poison Pill, Placebo, or Tonic?", *Journal of Marketing*, 69 (January), 114 – 130.

Kok, R. , Biemans, W. , 2009, "Creating a Market-oriented Product Innovation Process: A Contingency Approach", *Technovation*, 29, 517 – 526.

Raudenbush, S. W. , Bryk, A. S. , 2002, *Hierarchical Linear Models: Applications and Data Analysis Methods*, Thousand Oaks: Sage Publications.

Ray, G. , Barney, J. B. , & Muhanna, W. A. , 2004, "Capabilities, Business Processes, and Competitive Advantage: Choosing the Dependent Variable in Empirical Tests of the Resource-based View", *Strategic Management Journal*, 25, 23 – 37.

Reichstein, T. , Salter, A. , 2006, "Investigating the Sources of Process Innovation among UK Manufacturing Firms", *Industrial and Corporate Change*, 15, 653 – 682.

Rogers, E. , 1995, *Diffusion of Innovations*, 4th ed. , New York: The Free Press.

Romer, P. M. , 1990, "Endogenous Technological Change", *Journal of Politi-*

cal Economy, 98: S71 – S102.

Rosenberg, N. , 1976, *Perspectives on Technology*, New York: Cambridge University Press.

Rosenberg, N. , 1982, *Inside the Black Box: Technology and Economics*, New York: Cambridge University Press

Rothwell, R. , 1977, "The Characteristics of Successful Innovators and Technically Progressive Firms (with Some Comments on Innovation Research", *R&D Management*, 7 (3), 191 – 206.

Rothwell, R. , Zegveld, W. , 1981, *Industrial Innovation and Public Policy*, London: Frances Printer.

Rumelt, R. P. , 1984, "Toward a Strategic Theory of the Firm", In R. B. Lamb (Ed.), *Competitive Strategic Management*, NJ: Prentice-Hall.

S. Gopalakrishnan, S. , Bierly, P. , 2001, "Analyzing Innovation Adoption using a Knowledge-based Approach", *Journal of Engineering and Technology Management*, 18, 107 – 130.

Zeng, S. X. , Xie, X. M. , Tam, C. M. , 2010, "Relationship between Cooperation Networks and Innovation Performance of SMEs", *Technovation*, 30, 181 – 194.

Scherer, F. M. , 1965a, "Size of Firm, Oligopoly, and Research: A Comment", *Canadian Journal of Economics and Political Science*, 31 (2), 256 – 266.

Scherer, F. M. , 1965b, "Firm Size, Market Structure, Opportunity, and the Output of Patented Inventions", *American Economic Review*, 55 (5), 1097 – 1125.

Scherer, F. M. , 1967a, "Research and Development Resource Allocation under Rivalry", *Quarterly Journal of Economics*, 81 (3), 359 – 394.

Scherer, F. M. , 1967b, "Market Structure and the Employment of Scientists and Engineers", *American Economic Review*, 57 (3), 524 – 531.

Scherer, F. M. , 1984, *Innovation and Growth: Schumpeterian Perspectives*, Cambridge: MIT press.

Schmookler, J. , 1966, *Invention and Economic Growth*, MA: Harvard University Press.

Schmookler, J. and Brownlee, O. , 1962, "Determinants of Inventive Activity", *American Economic Review*, 52 (2), 165 – 176.

Schumpeter, J. , 1934, *The Theory of Economic Development*, Cambridge, Mass: Harvard University Press.

Schumpeter, J. , 1939, *Business Cycles: A Theoretical, Historical, and Statistical Analysis of the Capitalist Process* (*vol. 2*), New York: McGraw-Hill.

Schumpeter, J. , 1942, *Capitalism, Socialism and Democracy*, New York: Harper.

Shane, S. A. , Ulrich, K. T. , 2004, "Technological Innovation, Product Development, and Entrepreneurship in Management Science", *Management Science*, 50 (2), 133 – 144.

Sherwin, C. W. , Isenson, R. S. , 1967, "Project Hindsight", *Science*, 156 (3782), 1571 – 1577.

Shrieves, R. , 1978, "Market Structure and Innovation: A New Perspective", *Journal of Industrial Economics*, 26 (4), 329 – 347.

Sinkula, J. M. , Baker, W. , E. and Noordewier, T. , 1997, "A Framework for Market-based Organizational Learning: Linking Values, Knowledge and Behavior", *Journal of the Academy of Marketing Science*, 25 (4), 305 – 318.

Smith, K. G. , Collins, C. J. , Clark, K. D. , 2005, "Existing Knowledge, Knowledge Creation Capability, and the Rate of New Product Introduction in High-technology Firms", *Academy of Management Journal*, 48 (2), 346 – 357.

Smyth, D. J. , Samuels, J. M. and Tzoannos, J. , 1972, "Patents, Profitability, Liquidity and Firm Size", *Applied Economics*, 4, 77 – 86.

Soete, L. L. G. , 1979, "Firm Size and Innovation Activity", *European Economic Review*, 12, 319 – 340.

Souitaris, V. , 2001, "External Communication Determinants of Innovation in the Context of a Newly Industrialised Country: A Comparison of Objective and Perceptual Result from Greece", *Technovation*, 21 (1), 25 – 34.

Stevens, S. S. , 1968, "Measurement, Statistics, and the Schemapiric View",

Science, 161, 849 – 856.

Subramaniam, M. , Youndt, M. A. , 2005, "The Influence of Intellectual Capital on the Types of Innovative Capabilities", *Academy of Management Journal*, 48, 450 – 463.

Schoenecker, T. , Swanson, L. , 2002, "Indicators of Firm Technological Capability: Validity and Performance Implications", *IEEE Transactions on Engineering Management*, 49 (1), 36 – 44.

Teece D. , 2008, "Dosi's Technological Paradigms and Trajectories: Insights for Economics and Management", *Industrial and Corporate Change*, 17 (3), 507 – 512.

Teece, D. J. , 2007, "Explicating Dynamic Capabilities: The Nature and Microfoundations of (Sustainable) Enterprise Performance", *Strategic Management Journal*, 28, 1319 – 1350.

Teece, D. J. , G. Pisano, A. Shuen, 1997, "Dynamic Capabilities and Strategic Management", *Strategic Management Journal*, 18, 509 – 533.

Teece, D. J. , Pisano, G. , & Shuen, A. , 1997, "Dynamic Capabilities and Strategic Management", *Strategic Management Journal*, 18 (7), 509 – 533.

Teece, D. J. , 1992, "Competition, Cooperation, and Innovation: Organizational Arrangements for Regimes of Rapid Technological Progress", *J. Econom. Behav. Organ*, 18, 1 – 25.

Terziovski, M. , 2010, "Innovation Practice and Its Performance Implications in Small and Medium Enterprises (SMEs) in the Manufacturing sector: A Resource-based View", *Strategic Management Journal*, 31 (8), 892 – 902.

Tripsas, M. , 2008, "Customer Preference Discontinuities: A Trigger for Radical Technological Change", *Managerial and Decision Economics*, (29), 79 – 97.

Tsai, W. , 2001, "Knowledge Transfer in Intra Organizational Networks: Effects of Network Position and Absorptive Capacity on Business unit Innovation and Performance", *Academy of Management Journal*, 44 (5), 996 – 1004.

Tsai, K. , Wang, J. , 2005, "Does R&D Performance Decline with Firm size? A Re-examination in Terms of Elasticity", *Research Policy*, 34, 966 – 976.

Tsai, K. H. , 2009, "Collaborative Networks and Product Innovation Performance: Toward a Contingency Perspective", *Research Policy*, 38 (5), 765 –

778.

Turner, K. L. , Makhija, M. V. , 2006, "The Role of Organizational Controls in Managing Knowledge", *The Academy of Management Review*, 31 (1), 198 – 221.

Lichtenthalerm, U. , 2009, "Absorptive Capacity, Environmental Turbulence, and the Complementarity of Organizational Learning Processes", *Academy of Management Journal*, 52 (4), 822 – 846.

Lichtenthaler, U. , 2010, "Technology Exploitation in the Context of Open Innovation: Finding the Right Job for your Technology", *Technovation*, 30 (7 – 8), 429 – 435.

Utterback, J. M. , 1975, "A Dynamic Model of Process and Product Innovation", *Omega*, 3 (6), 639 – 656.

Utterback, J. M. , 1994, *Mastering the Dynamics of Innovation*, Boston: Harvard Business School Press.

Govindarajan, V. , Kopalle, P. , Danneels, E. , 2001, "The Effects of Mainstream and Emerging Customer Orientations on Radical and Disruptive Innovations", *Journal of Product Innovation Management*, 28, 121 – 132.

Villar, C. , Pla-Barber, J. , Alegre, J. , 2012, "Unravelling the Moderating Effects of Size and Experience on Product Innovations and Exports: A Study in a Medium Knowledge-intensive Industry", *Technology Analysis & Strategic Management*, 24 (5), 511 – 526.

Von Hippel, E. , 1988, *The Sources of Innovation*, New York: Oxford University Press.

Cohen, W. M. , 2010, "Fifty Years of Empirical Studies of Innovative Activity and Performance", Hall, B. H. , Rosenberg, N. (Eds.), *Handbook of the Economics of Innovation*, Amsterdam: Elsevier.

Wang, H. , Chen, W. R. , 2010, "Is Firm-specific Innovation Associated with Greater Value Appropriation? The Roles of Environmental Dynamism and Technological Diversity", *Research Policy*, 39 (1), 141 – 154.

Weerawardena, J. , O'Cass, A. , Julian, C. , 2006, "Does Industry Matter? Examining the Role of Industry Structure and Organizational Learning in Innovation and Brand Performance", *Journal of Business Research*, 59 (1), 37 – 45.

Wernerfelt, B. , 1984, "A Resource-based View of the Firm", *Strategic Management Journal*, 5, 171 – 180.

Wiklund, J. , Shepherd, D. , 2003, "Knowledge-based Resources, Entrepreneurial Orientation, and the Performance of Small and Medium-sized Businesses", *Strategic Management Journal*, 24 (13), 1307 – 1314.

Williamson, O. E. , 1975, *Markets and Hierarchies: Analysis and Antitrust Implications.* New York: Free Press.

Williamson, O. E. , 1985, *The Economic Institutions of Capitalism*, New York: Free Press.

Wong, K. Y. , Aspinwall, E. , 2005, "An Empirical Study of the Important Factors for Knowledge-management Adoption in the SME Sector", *Journal of Knowledge Management*, 9 (3), 64 – 82.

Wu, J. , Shanley, M. T. , 2009, "Knowledge Stock, Exploration, and Innovation: Researchon the United States Electromedical Device Industry", *Journal of Business Research*, 62 (4), 474 – 483.

Wu, J. F. , Tu, R. T. , 2008, "CEO Stock Option Pay and R&D Spending: A Behavioral Agency Explanation", *Journal of Business Research*, 60 (5), 482 – 492.

Zack, M. H. , 1999, "Managing Codified Knowledge", *Sloan Management Review*, 40 (4), 45 – 58.

Zahra, S. A. , & George, G. , 2002, "Absorptive Capacity: A Review, Reconceptualization, and Extension", *Academy of Management Review*, 27, 185 – 293.

Zhao, H. , Tong, X. , Wong, P. K. , Zhu, J. , 2005, "Types of Technology Sourcing and Innovative Capability: An Exploratory Study of Singapore Manufacturing Firms", *Journal of High Technology Management Research*, (16), 209 – 22.

索　引

因子分析　93，95，96，99－108，110，
116，117，121，128，131

回归分析　7，48，93－96，111－113，
118，119，121

企业创新　1，3－5，7－9，22－29，31，
33，35，39－41，43－52，54－57，
61－71，75，81，87，90，94，97，
100，109，113，123，125，127－133

创业板上市公司　1－8，50，64，68，
72，73，92，96，97，123，125，129－
132

创新动力机制　4，5，7，9，22－33，
51，52，54，56，60，61，65，66，
68，70，128，131

创新优势　1，2，4，5，8，54，57－
62，64，66，68－71，109，110，
112，113，115－117，120，124－
126，128，130，132，133

创新产出　46－50

创新投入　3，4，41－46，48，50，54，
56，75，82，114，132

创新活力　3，7，54－58，64，66，68－
71，81－84，97，100，108－117，
119，120，122，123，125－129

创新程度　3，7，41，45，49，54，56－

58，64－66，68－71，79，83，84，
97，100，101，109，115－123，125－129

系统性技术知识资源　54，63，65，66，
68，70，71，79，86－88，103－105，
109－111，113－118，120，123，125－
128

知识　3－5，7，9，12，19，28，32－
40，44－47，49－52，54，61－68，
70－72，74，79，84－88，101－105，
109－120，123，125－128，130－132

相关性　45，80，82，86，94，98，100，
110，111，113，117，119，127，128，
130

研发投入　25，43，44，46，57，75，
82，84，87，88，127

研发强度　41，73，75，82，83，100，
109

信度　5，7，78－80，92，97，98，100－
108，111，123，124

信息　1－3，9，20，27，33，36－40，
49，50，54，61，62，65－68，70－
80，84，85，87－90，92，93，99，
105－107，109，110，112－117，
119，120，123，125，126，129，130

独立性技术知识资源　54，62－65，68，

70，71，79，84－86，101－103，109－111，113－118，120，123，125－128

结构方程模型　49，93，95，96

效度　5，7，78，92－94，97－108，123，124

竞争压力　8，54，68－71，79，89－91，107－121，123，125，126，129－131

竞争优势　4，5，9－22，29，34，35，38，40，51，52，56－59，68，69，121，126，132，133

资源基础理论　4，5，7，9，10，12－18，21，22，49，51，52，54，57－61，63，64，66－68，70，75，124，125，129－133

控制变量　77，80，82，91，92，94，96，109－116，118，122，123

需求信息资源　54，66－68，70，71，79，88，89，105－107，109－117，119，120，123，125，126，129，130